一番伝わる說明の順番

从老是说不对到特别会说话

[日] 田中耕比古◎著　王大亮◎译

江苏人民出版社

图书在版编目（CIP）数据

从老是说不对到特别会说话 /（日）田中耕比古著；王大亮译. -- 南京：江苏人民出版社，2022.12
ISBN 978-7-214-27536-3

Ⅰ. ①从… Ⅱ. ①田… ②王… Ⅲ. ①语言艺术－通俗读物 Ⅳ. ① H019-49

中国版本图书馆 CIP 数据核字（2022）第 176119 号

江苏省版权局著作权合同登记号：图字 10-2022-223 号

ICHIBAN TSUTAWARU SETSUMEI NO JUNBAN
Written by Tagahiko Tanaka
Copyright © 2018 by Tagahiko Tanaka.
Original published in Japan by Forest Publishing, Inc.
This Simplified Chinese edition was published by Jiangsu People's Publishing House,Ltd. in 2022 by arrangement with Forest Publishing, Inc. through The English Agency (Japan) Ltd.And Qiantaiyang Cultural Development (Beijing) Co., Ltd.
Simplified Chinese edition © 2022 by Jiangsu People's Publishing House,Ltd.

书　　　名	从老是说不对到特别会说话
著　　　者	[日]田中耕比古
译　　　者	王大亮
责 任 编 辑	张延安
封 面 设 计	末末美书
版 式 设 计	张文艺
出 版 发 行	江苏人民出版社
出版社地址	南京市湖南路1号A楼，邮编：210009
印　　　刷	天津市新科印刷有限公司
开　　　本	880 毫米 × 1230 毫米 1/32
印　　　张	6.5
字　　　数	129 千字
版　　　次	2023 年 1 月第 1 版　2023 年 1 月第 1 次印刷
标 准 书 号	ISBN 978-7-214-27536-3
定　　　价	49.90 元

前言
表达顺序决定了表达的效果

自认为说清楚了，但是对方却没有听懂？

"你说的话我没听懂。"

"归根到底，你想说什么？"

你有没有遇到过别人对你说这样的话？无论是工作上还是个人的日常生活中，经常会遇到需要向别人解释说明一些事物的情况。

做演讲、打电话或者面对面的推销、做工作报告，等等。可以说，针对一项事物进行解释说明，使对方能够理解，是我们工作中的一项基本行为。其实在日常生活中，需要解释说明的场合数不胜数：今天的新闻、自己生活的近况等。大多数情况下，都是"我认为这个问题是这样的……""我觉得这样做会好一点……"诸如此类对自身想法的说明和解释。但是在这样的解释说明过程中，有些人的话简单易懂，有些人的话却让人一头雾水。

◎ 简单的话说复杂了；

◎ 想表达的内容却不知道如何表达清楚；

◎ 说着说着就不知道自己在说什么了。

很多人有着如上烦恼，但同时也有很多人可以做到下列情况：

◎ 三言两语就能将很复杂的事情解释清楚；
◎ 解释说明之后，对方恍然大悟；
◎ 说明内容言简意赅，令人立刻理解，而且印象深刻。

当然，日常生活朋友之间的谈话，即使表述得拙劣一点也不会有太大问题。但如果是在工作场合，那可就不同了。

恐怕别人对你的评价、自身的工作质量和进展速度都会受到不好的影响。

演讲不精彩，项目就可能不过关；做业务报告时，因不善于表述而需要反复提交；更甚者，自己的"不善言辞"导致信息传递滞后，工作流程受到影响，效率下降，这样的情况才更可怕。

那么，怎样才能做出让别人听得懂的表达呢？

问题的关键在于，是否真正理解"表达即是交流（信息的传达）"。

我们印象当中的说明，可能会被想象成说话人单方面在说话。但是，如果只是单方面的说话，那就不能被称之为交流了。

说话人自认为已经表述清楚了，但实际上对方完全没有理解他所说的内容，那么说话人的诉求就不会得到回应。

所谓交流，就是说者与听者之间正确传达所需信息的过程。所以，一边整理对方的头脑，一边向其传达信息是十分重要的。

对方完全理解了吗？能跟得上谈话的进程吗？时刻掌握着听

者的状况，根据情况适当调整表述方式，就是可以让别人听得懂的表达技巧。

只要掌握事物说明的顺序，表述能力就能够得到提升

具体点说，提高表述能力最直接的方法就是，<mark>时常注意自己在表述时的表达顺序。</mark>

很多商业书籍经常会提到如何去正确表述一件事物。表达方式也好，表述语气也好，都是通过抑扬顿挫或者声调来表现的。但是更重要一点是信息传达的顺序。

不局限于事物说明、谈话，或者写文章，表达的顺序发生了变化，就会给信息传达带来很大的变化。

善于表达说明的人，在平时说话时，会意识到自己的表述顺序。反之，则不会意识到这一点。

举个极为简单的例子。

"他是一个爱撒谎的人，但人还不错。"
"他人不错，但是很爱撒谎。"

这两句话内容完全相同，但是却给了读者不同的理解感受。（这种现象被称为"就近原则"，最后强调的事情会留下更深刻的印象。）

<mark>说者采用不同的顺序来表述，听者会产生相距甚远的理解。</mark>

让别人听得懂你的表述是一种能力。这种能力对你的人生有很大的帮助。比如：

◎ 演讲、提案、主张更容易被认可或采纳，工作可以很顺利地进行。

◎ 想传达的意思很快就被理解，加快谈话的进程。

◎ 锻炼自己的头脑，能够捕捉到事物的构造。

◎ 听了别人的话可以迅速将信息整理出来，理解力也得到提高。

◎ 别人会觉得你头脑聪明、思路清晰，无形中增加很多缘分和机会。

说明，不可小觑。

复杂的事情三言两语就解释清楚。单凭这点，工作或者日常生活中得到的结果、印象和评价就会产生戏剧性的改变。

本书重点讲解"**说明的力量**"。在此基础上，还会讲解如何成体系、有层次地去思考。

本书不仅可以学习到说明方法，还可以习得如何厘清事件的方法。在工作和生活中，都能极大地提高人际沟通的能力。

希望这本书能给大家的人生之路锦上添花。

田中耕比谷

目录

第1章 表述能力差,问题出在哪?

一段糟糕的表述,到底问题出在了哪里? ——— 002
  糟糕的表述,搅乱听者的思路 ——— 003

失败的表述特征①:用想当然的顺序进行表述 ——— 006
  思考听者想要的顺序 ——— 008

失败的表述特征②:没有意识到对方的理解层次 ——— 010
  为何专家的话都很难懂? ——— 010
  有些人会故意使用高深的词语 ——— 012

失败的表述特征③:不明确自己想说什么 ——— 014

从"想当然表述"到"立意表述" ——— 017

第2章 让人容易理解的表述顺序

关注对方的想法 024

让别人容易理解的表述顺序的基本要点 026

正确的表述顺序①：把握前提 029
    比结论先行更重要的事情 029
    整理基础情报的方法 030
    表述内容的难易程度要符合听者的理解能力 030
    锁定表述范围 032

正确的表述顺序②：结论、主张、本质 035
    向听者传达行动的请求 035
    本质是什么？ 036

正确表述的顺序③：根据、理由、事实 038
    3个根据和理由是基础 038

正确表述的顺序④：补充信息 042
    补充信息与听者的兴趣吻合，就会变得更有价值 043

正确表述的顺序⑤：结论引导对方行动 045

听者主导类型的表达技巧 —— 047

即便内容很长，也能让别人听得懂的表述条件 —— 050
  1. 确定优先顺序，末位淘汰 —— 050
  2. 正题和补充信息一分为二，正题优先 —— 051
  3. 删除无用信息 —— 053

第3章 提高表述能力！整理思路的诀窍

思考"对方想知道的事情" —— 058

表述前，总结归纳"思考内容"的4大步骤 —— 060
  步骤1：明确听者想知道的内容 —— 060
  步骤2：明确自己想要传达的内容 —— 062
  步骤3：确认信息有无分歧 —— 063
  步骤4：思考如何解决信息的分歧 —— 063

越简短的表达就一定越容易理解吗？ —— 067
  概要和关键词 —— 067

着重表述主干内容，其次是枝叶 —— 074

抓住主线，揪其本质 —— 078

高明的概括方法有哪些要点？	079
表达内容彻底可视化	081
想传达的内容比表述长短更重要	083
整理表述内容的技巧	083

第4章 提高对方理解力！梳理"对方思考"的技巧！

为了提高对方的理解力，尝试去整理对方的想法	092
定义整体，用"地图"来表示	094
表述"地图"的制作方法	099
原则1："地图"尽可能地大	100
原则2：不要惧怕更换"地图"	101
原则3：明确焦点所在	102
原则4：时刻回归"地图"	102
原则5：扩展"地图"的时机	104
整理听者想法的"提问法"	106
找到对方真正想知道的信息	108

"换位思考"的真正含义 ———————————————— 112
  自己处于弱势时，想象对方想要的东西 ———— 113
  自己身处强势立场时，回忆过去的自己 ———— 113

组建框架来整理对方的思考 ———————————— 116

第5章　令人印象深刻的表达技巧

让听者产生共鸣，最重要的是什么？ ——————— 124
  事先调查很重要 ———————————————— 125

巧妙的简化技巧 ————————————————— 127

在适应的"粒度范围"内，表述内容更容易被理解 —— 130
  正确判断"粒度范围"的方法 ————————— 133

使用邮件沟通时，需要注意"条件分歧" ——————— 136

比喻力，掌握比喻的技巧 ————————————— 140
  原则1：用对方熟知的事物比喻 ———————— 141
  原则2：本质上相似的地方 —————————— 141
  原则3：存在意外性 ————————————— 142

第6章 锻炼表述力的思考习惯和练习

锻炼并养成思考习惯，表述力自然而然得到提高 ———— 148

传达内容的要素分解①：单词分解 ———— 150
  将文章分解成单词 ———— 150

传达内容的要素分解②：流程分解 ———— 154
  圣诞晚会策划的流程分解 ———— 155

确定优先顺序所需的"舍弃技巧"的训练方法 ———— 159

数字"3"的练习 ———— 163
  列举3项具体事例 ———— 163
  列举3个条件 ———— 164

把握"层次感（粒度范围）"的练习 ———— 166
  考虑分类定义 ———— 167
  寻找不合理的点 ———— 168
  增加菜单 ———— 168
  整理论点 ———— 169

总结的练习 ———— 171

捕捉关键词的练习 ———— 173

假设思考的表达练习 _____ 177
  假设也需要深思熟虑 _____ 180

比喻练习 _____ 183
  商业顾问就像棒球运动员一样 _____ 183
  人数比较 _____ 183
  合适与否 _____ 184
  工作内容比较 _____ 185
  分工比较 _____ 186

结语　对思考方法的思考 _____ 191

第 **1** 章

表述能力差，问题出在哪？

一段糟糕的表述,到底问题出在了哪里?

生活中有两种人。

善于表达的人和不善于表达的人。

一个人的表达能力很差,在向别人表述某件事物时,听者就会想:

"他到底在说什么?"

"他到底想说什么?"

"说了这么一大堆,大概就是想表达这个意思吧?"

相反,如果一个人表达能力很好,听他的说明,就能理解之前一直不明白的事情。这样的人一开口,会让发表、商谈顺利进行,甚至也能调动日常杂谈的气氛。仅仅因为高明的说明能力,就能让交谈顺利进行。

那到底表达能力的好与不好,区别在哪里呢?

有人说聪明人都善于表达。真的可以这样说吗?

举个例子,一个在大学任课的教授,头脑一定是顶呱呱的。

但是在他的课上,学生们不是因为太枯燥乏味而睡觉,就是根本听不懂教授在讲些什么。所以,即使教授是一个聪明人,他的课也未必讲得很好。

不单单是在大学里,大多时候的课堂都是枯燥乏味的。但是,如果老师能够把课本的内容讲得生动有趣,那么他无论何时何地都是备受欢迎的。

既然能成为老师,头脑肯定都是聪明的,可是这并不代表他的表达能力很强。

头脑聪明并不等于表达能力强。

在商务人士中,优秀的人无疑都是擅长表达的。

我从事商业顾问很多年,深知一个优秀的商业顾问一定是在表述上有着出类拔萃的能力。毕竟你的一句话就会影响客户几亿乃至几百亿的大生意。具备这个能力自然是理所应当的。

那么在学习表达方式之前,让我们先来看看不善于表达的人都有哪些特征,以及他们的问题究竟出在了哪里。

糟糕的表述,搅乱听者的思路

在表述说明的过程中,一定存在一个表述对象。

自己想表达的内容,能够被这个对象完全理解,这才是我们进行表述的目的。

但是有些不善于表达的人,不但没有把内容表达清楚,甚至把对方的头脑都搞得一团糊涂。

越听越迷糊。

连想说什么都不知道。

听不懂用的词语。

你遇到过这样的情况吗?这样的表述会使说话者接收不到对方的反馈,因而更加焦躁不安地继续表述。结果越走越远,完全迷失了方向。

为何会出现这种情况呢?

用一句话概括,**就是没有对听者的思考进行整理。**

很多时候,是因为没有做到以下这几件事:

◎ 没有明确用什么表达顺序;

◎ 没有意识到对方的理解层次水平;

◎ 自己还没有决定好想说的内容。

不准备好这些就开始自己的表述或者演讲,对方当然听不懂你在说什么。

要点 不善于表达就是不会整理对方头脑中的思考。

不善于表达的人，问题就出在以下三个方面

不去考虑表达的顺序；

表达不符合对方的理解层次；

不去总结自己想说的内容，自己也不知道想说什么。

解决这三个问题，表达能力就会提高！

失败的表述特征①：
用想当然的顺序进行表述

令对方越听越混乱的人，往往是按照自己想当然的顺序来安排表述内容。这里应该注意的问题是，**我们想当然的顺序并不是合理的表达顺序。**

很多人都是想起什么说什么。懂得把想到的事情按照合理的顺序表述出来的人自然没有问题。但是很多人都不是这样，他们想到哪里就说哪里，使听者一头雾水。仿佛是一个人的一场独白。

这样的表述不能称为沟通。

不但没有达到令对方理解的目的，还会陷入自己想当然的深坑里不能自拔，自以为自己不停地说就能让对方听明白。

例如，我们要说明"出门带伞"这件事情，如果是想到哪就说到哪，就会是样子：

早上出门，天空没有云彩，真是个好天气，不愧是夏天呀。走着走着，突然想起天气预报说今天会有雨，公司离最近的车站步行也要5分钟，下雨可就麻烦了，于是决定回家里去取伞。结果真的下雨了。看来回家拿伞是对的。

这段表述就是根据时间和自己头脑中想到的内容组成的，分解开来看，就会得到这样几个信息：

◎ 早上出门。
◎ 天气不错。
◎ 想起天气预报说有雨。
◎ 办公室到车站的距离不近。
◎ 决定回家取伞。
◎ 结果真的下雨，取伞是正确的。

当然，朋友间聊天，这样的表述没有问题，或许还可能是一段很有趣的对话。即使是想到哪说到哪，但是表达的意思对方还是听得懂。

但是如果放在商务场合，这种表述绝不会得到高评价。

不知道自己想要表达什么，对方很可能中途打断你，不想再听你说下去了。

下面的例子如果是和工作方面有关的内容，你觉得如何？

◎ 从办公室出来去拜访客户。
◎ 想起公司客户的课长被调到总部去了。

◎ 犹豫要不要带一些礼物过去。

◎ 对方应该会喜欢甜的东西，于是买了一盒小点心，可以由他分给他的同事们吃。

◎ 课长明天出差，这是工作调动前的最后一次见面机会了。

◎ 这是一次很好的问候机会，今后调到新的部门，也许会有新的合作机会。

如果用这种方式来做工作日报，上司一定会认为你在写暑假日记吧。

我们经常会犯一个错误：只考虑自己想到的事情，而忽略了听者的实际感受。

思考听者想要的顺序

看了以上的例子，我们就会知道，表达顺序如果只是自己想到哪说到哪，那对方一定听不懂你在说什么。

要想准确地说明，就需要合理的表达顺序。

那么什么才是合理的表达顺序呢？

当然不能用自己想当然的顺序，而要琢磨听者希望的顺序。

我们常说要从结论说起，这在一些提高表达能力的书籍中也经常提到，与我所说的合理的表达顺序是吻合的。

表述的本质就是沟通。

自己方便的或者想当然的表达顺序与对方想听到的或者容易理解的顺序是完全不同的。

拿取伞的例子来说,应该先说"决定取伞是正确的"。

再拿买点心的例子来说,应该先说"买礼物去拜访客户的决定也是正确的"。或者再进一步得出"与总部的合作也有可能得到发展"的结论。

"为什么带伞过来""为什么买礼物过去(或者,为什么可以和总公司部门有合作的可能性)"等其余的内容都只不过是结论的补充内容而已。

说明自己是如何考虑并采取行动的,在某些时候也比较关键。

例如,向下属或后辈说明自己工作操作的理由时,你一定希望他们会按照同样的方法去工作,这时采用时间顺序,温和地解释说明会比较好。

出色表述的关键就在于,根据表述的目的,采用正确的顺序进行表述。

用自己想当然的顺序去表述,对方很难听得懂。

失败的表述特征②：
没有意识到对方的理解层次

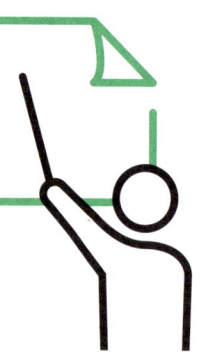

为何专家的话都很难懂？

在电视节目里，经常会出现一些专家。大家能理解他们说的话吗？

当然，像池上彰先生（日本著名记者，特约教授。代表作有《赢在残酷世界的沟通力》）那样说起话来通俗易懂的专家是存在的。但大多数专家的发言，我们都很难听得懂。

电视台非常重视说起话让人容易理解的人，所以这样的人会在媒体上频频露面。除了这样的专家，其余一大半，说出来的话都是很难理解的。

那么专家的发言，为什么对于我们外行人来说很难听懂呢？

我试着分析出了以下几个原因：

◎ 专业术语不易理解；
◎ 听者对话题的相关知识储备不足；

◎ 过于重视内容的严谨性和正确性。

用一句话概括出来就是，**说明内容没有符合听者水平。**

专家的发言很难听懂的原因就是**没有弄清楚听者能了解到相关内容的哪一个层面。**

用什么样的语言来表述才能更容易被理解、可以用到什么程度的专业术语、听者想知道什么、听者对专业知识了解多少，由于这些相关因素的不同，表达效果也会大不相同。

专家与专家之间，说明需要严谨是共识，专业术语和专业知识的理解层次也很相近，所以进入话题之后，相互没有沟通障碍。

但是，一个专家与一个非专业人士进行交谈时，就需要事先了解对方对专业领域的认知程度有多少，或者对专业方面内容了解到了哪个层次。

即使不太了解对方的情况，也可以通过简单的对话，观察对方的反应，尽可能用对方能听得懂的语言去解释说明或者举例。

不根据听者的认知水平来调整自己的表达方式，就达不到传递信息的最终目的。

比如，商业顾问之间的语言，拿到金融业或者制造业的客户对话中，就完全沟通不了。这就是由于知识体系和专业语言不通造成的。

在面对客户时，就得用客户听得懂的方式来表述。同样，为了能听懂客户的要求,也需要去收集和学习客户业务领域的知识和内容。

类似的情况在日常生活中时有发生。

第一次买车、第一次出国旅游、第一次吃法国大餐,相关人员在介绍说明时,没有充分照顾到我们的认知,介绍的内容我们不能够充分理解。

说明内容不被理解,**就说明发言人对听者的理解情况没有做出正确的估测。**

你在给某人介绍某件事物时,一定要事先考虑到对方想要知道的内容是什么,将有用的信息按照合理的顺序传达给对方。

有些人会故意使用高深的词语

我们也会经常遇到别人故意使用高深难懂的词汇的情况。使用非一般用语,让你觉得很有道理。有时也会表达得很夸张、很有分量的样子。

本来很简单的事情,却故意使用生僻的表达方式来表现。

"牛磺酸1000mg"就是一个具有代表性的例子。

说起功能性饮料,就会经常提到"牛磺酸1000mg"。这个含量到底是多还是少,几乎没有人知道。可能连牛磺酸是什么、有什么功效都一概不知。

我们从包装或者广告中看到这个说法，心想一定有什么功效吧，其实真正能够理解牛磺酸是什么的人并不多。

"1000mg"也会给人量很大的印象，如果换成"1g"就感觉并不是很多了。

这时专家们会说："将牛磺酸持续投放到老鼠体内，按照体重比例选择投放或者不投放。两者进行比较，得出结论完全不同。考虑到老鼠与人类的体重差异，连续一周以上摄取定量牛磺酸，会对身体环境有很大程度的改善。"

这种情况下，即使我们不知道牛磺酸是什么，但是在广告里却总能听到或看到，只知道这个东西会对身体好。不管我们是否真正理解了涉及到的专业知识，我们都会想去买来试试。

这样就达到了表述的最终目的。如果加上专家的详细解说，反而难懂了。

但是，就我们个人而言，在向某人说明某事的时候，不要自以为是地认为对方明白了。我们要根据对方的状态，调整表达方式，这非常重要。

> **要点** 有意识地让表达内容贴近听者。

失败的表述特征③：不明确自己想说什么

极不善于表达的人，不知道自己想说什么，该怎样去表达才能让对方听懂，通常有两种原因：

◎ 不知道自己想表达什么；
◎ 知道自己要表达什么，但是表达内容信息不够充分。

首先，我们来看不知道自己想表达什么的情况。

简单来说，自己的头脑没有整理好就发表或者描述一件事物。

在做发表或说明的情况下，没有意识到应该用什么顺序来表述的人，会想到哪说到哪，或者根据自己的记忆顺序表述，这样的话对方很难听懂。

出色的说明，重要的是明确应该向对方传达什么信息，然后整理自己的头脑（传递情报），也整理对方的头脑（接收情报）。

优秀的商业顾问或者销售人员不会让对方头脑混乱，而是巧妙地引导对方建立清晰的思路，再进行表述。

这样做，客户能够很快了解商品或服务的优越性，迅速作出决定。

善于表达的人，会先整理好自己的头脑再开始表述。

不整理好自己的头脑，就没办法整理好对方的头脑，从而导致表述失败。

我们就先从整理自己想表达什么的思路开始。最重要的一点是"归纳思路"。

文章开头就提到的"用思考的顺序、行动的顺序去表述"，这种错误做法可以用"归纳思路"的步骤去加以纠正和消除。

没有"归纳思路"过程的说明只不过是想到什么说什么的一番话而已。

最终也不过是按照时间顺序来解释说明。

在进行发表之前，要把自己想表述的内容全部整理出来，最好可以把它写在纸上。

在纸上整理时，可以不考虑顺序，想到哪就写到哪。

写好之后再观察一下，并思考下面几个问题：

◎ 想传达给对方的内容是什么？
◎ 这个内容对对方来说有何意义？
◎ 内容是否过于复杂或者过于简单？
◎ 按照这个说明顺序，是否可以完全将信息传达出去？

思考这几项问题就是"归纳思路"。这与之前介绍的"精通说明的技巧"是一样的。

把自己想表达的内容认真地总结出来,用心去整理,就会提高你的表述能力。

"归纳思路"是一种训练,一旦形成习惯,就会很自然地在一瞬间完成。

> **要点** 整理好自己想说什么之后,再表述。

从"想当然表述"到"立意表述"

不善于表达的人,有着共同的特点,那就是都使用"想当然"的表述方式。

表述,在工作和生活中,都是必不可少的事情。所以,有很多人不假思索就开始发言。

问题是,有的人遇到比较复杂的概念或者事物,还和平时一样凭着感觉去处理,结果就成了之前例举的失败案例。

那么具体应该怎么做呢?只要将3个失败的表述特征颠倒过来就可以了。纠正了这些错误,才能成为一个善于表达的人。

◎ 意识到用什么样的顺序来表述什么内容;
◎ 意识到听者的理解水平;
◎ 决定想要表述的内容之后再进行表述。

不假思索就随便发言的人,不知不觉间有所损失。
提高表述能力,作出通俗易懂的表述,会使事情变得更顺畅。

极端一点说,你的产品卖不出去,在公司内部和外面都没有影响力。与爱人、孩子及家庭成员的沟通都有困难,造成这些情况的原因很可能就是你说的话别人听不懂。

人类比想象中讨厌难懂的东西。即使再重要的事情、再好的商品,如果说明起来很复杂、很难懂,就没有人愿意听。文章太难不易懂,就没有人愿意读。

就像电视上播放的有关政治、经济的内容,有些人听了也不能理解。如果遇到像池上彰先生这样用很通俗易懂的语言来讲解,很多人听了都会有恍然大悟的感觉。

当然,你在说什么固然重要,但是能让对方容易理解的表达方式更加重要。为了能让别人听得懂,就要用别人能听懂的表达顺序来表述。这样才能去整理对方的头脑,使对方建立起思考。

善于表达的人和不善表达的人

我想说的都说了，
结果别人听不懂。

> 善于表达的人，会一边整理对方的头脑，
> 一边将内容传达给对方。

在下一章，我会介绍"听得懂的表达顺序有哪些基本内容"。

根据说明的事物和场景不同，表述会出现各种各样的情形，这里面是不存在绝对正确的。但是，为了能表达出这些各种各样的情形，人们创造出了一个基本的形式。掌握了这个基本形式，按照这个形式整理自己和对方的头脑，表述会变得更容易。

首先，我们要从这个基本形式学起。

> **要点** 用什么顺序来表述与表述什么同样重要。

| 记下你的总结和感想吧

| 记下你的总结和感想吧

第2章 让人容易理解的表述顺序

关注对方的想法

前面的内容里曾经提到过，**表述其实就是沟通**。
必须有听的一方存在，自言自语的说明是不成立的。

学校的老师给学生们讲解数学题思路；
公司的老员工给新人介绍工作内容；
给客户或者同事讲解项目方案。

这些情况表面上看是由一方单纯地讲解。但实际上，优秀的演讲者是可以一边和听者沟通一边表述的。

这里所指的沟通，并不限于对话或者问答的形式，可以是在关注到对方想法的状态下进行的沟通。一边表述，一边思考：

对于某个人来说，这种表达方式或许对方理解不了。
举个其他例子就可能更容易理解。

像这样不断地观察，想象一下对方的思路是否跟得上自己的表述，有些表达是否会过于仔细，令人产生厌烦。虽然这是无声的沟通，但能够有意识地关注对方的想法是非常重要的。

再具体点说,**要意识到对方的立场和理解程度再进行表述。**

观察对方的主张是什么、抱有什么样的情感,再根据了解到的信息,采用适合的表达方式。

不管表达方式怎么调整,最初定下来的想要表达的内容是坚决不能变的。这一点需要谨记在心。

我们不能忘记表达的目的:将信息准确地传达给听者,让听者得到充分的理解。

> **要点** 越是善于表达的人,越会意识到对方的思考。

让别人容易理解的表述顺序的基本要点

为了整理对方的思考，必须要重视表达的顺序。

具体来说是什么意思？

我们可能没有想过如何才能整理好对方的思考。其实这并不难，只要掌握了正确的表达顺序的根本要点就可以做到。

在解释表达顺序前，需要了解的是，表述分为两种：

一种是**自我主导表述**；

一种是**听者主导表述**。

表述有各种各样的形式，但是大体上可以分为这两种。

所谓自我主导表述，是指自己在持有某些主张或者结论的情况下具有主动性的表述。如，自己在针对某些事物向对方进行解释说明、工作中向客户介绍产品或者项目解说等都属于这一类。换句话说就是"从零开始构建起来的表述内容"。

听者主导的表述是指，根据听者的询问来进行被动表述。简而言之，**就是回答问题**。比如，这款商品销售不好的原因是什么？为何会延误了工期？夕阳为什么是红色的等。

这类的表述是在回答对方提出的问题，所需信息和表述结构与自我主导的表述大不相同，没有自己的主张和结论，单纯地回答问题。虽说如此，也不是说听者主导的表述就没有需要注意的要点。这里也存在着一些固定的形式。

先来介绍一下自我主导的表述类型的基本表达顺序：

1. 收集情报
2. 结论、主张、本质
3. 根据、理由、事实
4. 补充信息
5. 结论、引导对方的行为

在下一章节，我们简单介绍一下它的流程。

> **要点** 表述分为自我主导表述和听者主导表述两种。

表述的两种类型

1. 自己主导表述类型

自己在持有某些主张或者结论的情况下,从零开始构建的具有主动性的表述。

自己

2. 对方主导表述类型

回答对方的问题。自己没有主张或结论,针对对方提出的问题,按照事实进行回答的被动性表述。

对方　　　　　　　　　自己

> 不论是哪一种类型,都有各自的"表述顺序"。

正确的表述顺序①：把握前提

比结论先行更重要的事情

我们在传达信息、日常讲话或作发表时，要求"从结论说起"。

在作说明的场景里结论也是至关重要的。

本书所提到的"说明"，可以应用于日常闲聊、商务谈判等全部场景。尤其是在商务谈判中，从结论开始介绍是非常重要的。

但是，一段通俗易懂的说明，最重要的并不是陈述结论，而是把握说明的前提。

这个前提是什么呢？

所谓前提，就是在展开说明内容之前，先了解对方的专业水平。

例如，向平日里抬头不见低头见的同事和上司介绍日常业务内容时，就没有必要考虑说明内容的专业性程度，因为彼此都在同一个水平范围内。但是如果对方换成一个多年不见的老朋友，在问到你的工作内容时，由于共有的信息太少，你就不能用平时对同事或者上司的表达方式去向老朋友介绍你的工作内容，这样对方很难听得懂。

首先，我们必须和对方有对等的前提。

整理基础情报的方法

在向对方表述对方不熟悉的内容或者对方忘记的内容时，表达主张和结论之前，就必须同对方共享前提信息。

例如，你在向新来的上司介绍自己的客户信息，或者每月一次向繁忙的上司汇报工作进展时，你就需要向上司简单地描述一下之前工作的来龙去脉，使彼此间的认知水平对等。

其他方面，例如，数字的定义（前年比或者前月比）、图标的解读（项目的配置、颜色的含义）、周边信息（行业动向、竞争情况）等，这些不提前了解就很难听懂的事情就必须在作说明之前表达清楚。此外，如果是对方有可能已经了解的内容，就不必再啰里啰唆了。这样才能作出简洁易懂的说明。

表述内容的难易程度要符合听者的理解能力

聪明的人，难懂的表述也能理解。

同行之间无论聪明与否，使用行业内的专业术语，也会毫无障碍地交流。但是对于其他行业的人或者第一次参加对话的人来说，在向他说明某件事物的时候，就需要注意表述内容的难易程度和专业性。大学教授或者专家们说的话，一般都不好理解，就是因为没有符合听者的理解能力。

无论头脑多聪明的人，表述内容的难度不符合对方的理解能力，即使解释得再详细，也很难理解。

因此，表述内容要符合听者的理解程度。
那么需要怎样注意呢？
我个人认为，在向专业以外的人去说明某些事物时，**要把对方看成中小学生一样**。

这并不是对对方不礼貌，而是在对方不了解的领域里，对对方能够完全理解的水平做一个假设。

没有必要真的用跟孩子说话一样的口吻，那样的话对客户或者上司是不礼貌的，没准还会受到批评。

所有需要说明的情况都是因为对方对事物的未知或不解，其目的就是使对方能够理解。以对方不知道为前提，认真思考用词和表达顺序，让对方能够听懂是最重要的。

这时，最能够让人容易理解、容易听懂的表达难度就是面向中小学生表述的水平了。这也是简洁易懂的文章写法。

我们在写文章的时候，也经常会遇到这样的情况，要求我们的文章不要使用专业术语，让中小学生读了也会懂。

无论是相差几岁的上司,无论头脑如何,在面对不知道的事情时,就和小学生、中学生一样。我们以此为前提进行解释说明,这样的说明浅显易懂。

因此,基础概念的说明是必要的。例举具体事例、使用比喻能让对方加深理解。

锁定表述范围

除了上述方法,圈定表述范围这个方法也很重要。

虽说不是所有的情况下都必须要求划定范围,但是在不能完全涵盖对方所期望的内容时,还是规定出表述范围来比较好。

在商业顾问行业里,我们把表述范围称作"作用域"。

表述时间通常是有限的,在公司的会议上,不会给每个人一个小时的时间来发表。另外,毛举缕析的表达,也很有可能使对方头脑更加混乱。

由此可见,在限定的时间内,为了将最适当的信息量传达给对方,圈定好表述范围就显得尤为重要了。例如,在阐述之前可以这样说:"在各位想要了解的内容当中,今天我们只针对这个部分内容进行说明。"这样,听者就会调整自己的预期值。

这种方法不仅适用于表达前没有充分准备好所需资料的时候,还适用于以下场景:

◎ 在限定时间有限，不能全部说明；

◎ 信息量大到需要整理总结说明；

◎ 目前需要紧急对应的课题研究。

把表述内容集中在一个范围内，可以使会议或商谈内容不跑题、不发散。

像这样事先将前提和范围都整理好，在表述一开始就明确地传达给对方，对方就能够更容易地接受和理解了。

> **要点** 发表结论之前，要先准备好表述的前提、水平和范围。

所谓"把握表述前提"

1. 前提的信息是否可以共享。
2. 对方具有什么程度的知识水平。
3. 表述内容进行到哪里,能否被对方理解。

不考虑对方的理解程度或者知识水平,突然表述你所得到的结论,对方会很难理解。针对什么内容,按照什么水平,表述到什么程度,这些都必须要考虑进去。

> 表述结论之前,需要把握好"表述前提"。

正确的表述顺序②：结论、主张、本质

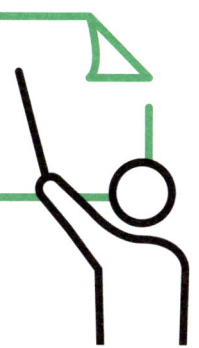

接着我们来介绍结论、主张和本质。

所谓结论，就是你想传达和说明的事情，并且可以用一句话把它表达出来。

在已经把握了表述前提的情况下，可以从结论的表述开始。应该先把说明的结论和自己的主张传达给对方。但前提一定是对方要对你的表述内容有一个整体上的把握。

比如，"给X公司的提案没有通过"这件事情很难和不了解的人来谈论给X社提案的过程。再比如说"新产品搭载了Z功能"，这就需要对方在了解产品的现有功能基础上，才能对该产品新功能Z的价值产生新的认识。否则就需要先共享前提，然后再阐述"结论"。

向听者传达行动的请求

如果你需要听众在你讲完之后有所行动，应该事先告知对

方，这样的话，事情才能顺利进行下去。比如你可以这样说：

"这个提案，我希望今天能够得到大家的认可。"
"如果有需要改进的地方，我希望大家给一点建议。"
"希望大家协助我做资料（我说明的内容请大家认真理解）。"

像这样把希望对方采取的行动事先告知对方，对方就能够知道用什么态度来面对你的表述了。否则听到最后，对方可能还不理解你需要他做些什么，或许你还需要再阐述一遍，非常影响效率。所以在表述之前，一定要将对对方的期待表达清楚。

本质是什么？

结论和主张很容易理解，但本质又是什么？

本质，就是可以用一句话准确地表达出事物的内容。

说起本质，也许大家会觉得很难理解。但换句话说，就是"解释"。用一句总结性的词语表达可能会更加便于理解。

"总之……"
"换句话说……"
"也就是说……"
"简单地说……"

上述的表达方式多用于陈述事实而非表达自己的主张。例如，你在描述你正在服用的保健品时会说："这个保健品可以改善肝功能。"再如，"说起日本的经济问题，总之就是……""关于金钱的作用，简单说就是……""我们公司存在的意义，用一句话表达就是……"等，很多时候用的是这种本质性的表达。

"我是这样认为的……"首先表述了自己想说的内容的本质，然后再进行阐述。

即使在听者主导类型（后面章节会提及到）的表述过程中，用一句话表达出内容本质，这也使听者很容易理解发言人抱有这种想法的理由。

结论、主张、本质都要用一句话概括。而用于对其进行详细解释和补充说明的内容，长一点也没有关系。

> **要点** 结论短一点，说明内容可以长一点。

正确表述的顺序③：根据、理由、事实

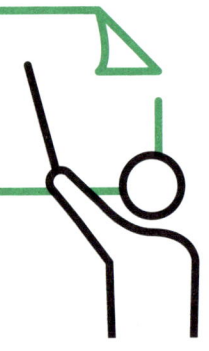

把握了前提，将结论和主张传达给对方，接下来就可以继续表达依据、理由和事实了。根据和理由的表述有3个要点：

◎ 提示即将表述的理由；
◎ 理由尽可能归纳成3个；
◎ 理由和依据是由客观事实构建而成。

3个根据和理由是基础

首先，自己有主张和结论时，要首先明确即将向对方表明传达抱有这个结论的理由。

例如，"请允许我对这次的策划进行说明，按照这个策划来执行，这个季度的销售就能够完成目标，我这样说的理由有3个……"要说明持有该主张或结论的根据。

这时要注意的是，一定要找出3个可以作为理由的事项。

如果仅有一个理由作为自我主张和结论的支撑，就会显得过于薄弱。相反，如果多于3个，就会使对方觉得繁琐，所以3个理由刚刚好。

"3"是个很容易被理解和记住的数字。商业顾问行业里，用"3"来总结的情况非常多。

"hop、step、jump（三级跳）"和"守、破、离（源自日本剑道学习方法，后发展到其他武术与行业。守，指最初阶段须遵从老师教诲达到熟练的境界；破，指试着突破原有规范；离，指自创新招数另辟出新境界。——译者注）"这样的词汇，都是用了"3"来表述，就是因为"3"这个数字，很容易进入人类的头脑里。

在把握住前提、表明了结论和主张之后，明示出支撑起结论成立的3个依据和理由，就会非常容易被听者理解。除此之外的全部内容都是补充信息。

在没有得出结论和主张的表述中，就需要表达出"顺序二"中提到的本质。无论是商品的新功能展示，还是新产品的开发计划，"资金是什么""TPP是什么""战略是什么"等诸多对于某种事物的解释说明都同属于这一情况。

这种情况下通常会去表达根据自己的想法总结出来的要点，但是针对这个要点的解释说明，必须要遵循客观事实的描述。

结论、主张、本质大多情况都是主观性的。

这些必须要由客观的事实来作为支撑。

如果依据和理由也是主观层面的东西,那么你的表述没有任何说服力。

即使不是为了说服对方,对方听了也会因觉得不可靠而怀疑、反驳。

如果结论、主张和本质不是建立在客观事实的基础上,逻辑就不成立,解释说明的内容则毫无说服力。

那么,客观事实又是什么呢?

最好理解的就是数字和数据一类的东西。

公司的营业额、产品的市场占有率是最具代表性的。

关于劳动人口的减少,就必须掌握相关政府部门统计的劳动力调查或者劳动人口移动的公开数据。

权威研究机构的数据和公共媒体的报道,也都是十分有说服力的。

"从哪里听到的?""电视上看到的。"这种就不能算作是客观事实。在数据的客观性和科学性没有基于客观事实时,即使有人提出你在恶意地诱导舆论,你也没有办法去反驳。

想要把所有客观数据调查清楚,显然是要花费很多气力的,但是越是重要的内容,就越应该尽全力收集第一手资料。

你的主张、结论和逻辑是否站得住脚,取决于你对客观事实的调查程度。

> **要点** 依据、理由和本质都是建立在客观事实上的。

正确表述的顺序④：补充信息

把握了前提，表明了结论和依据之后，剩下的就是补充信息了。

像事情的经过或者依据形成的背景，还有一些其他即使不说明也不会有很大问题的内容都属于补充信息。

例如，之前提到的取雨伞的例子。

决定回家取伞，理由是有可能会下雨。

这些是结论和依据，而补充信息是：

因为是早上看了天气预报才知道的。
下雨会淋湿公文包，里面的文件也会被淋湿。
淋湿了头发和衣服，去见客户会显得很狼狈。
公司途中没有便利店，买不到雨伞。

这些都可以看作是为"依据中的依据""补充依据的背景"。

理由和依据过多没有太大意义。

可是我们想要说服某人或者为了通过某个提案时，有必要向对方解释结论依据、理由和更多的背景信息。如果在日常的会话中，把这些全部表达清楚，就会使说话内容变得冗长。在不需要追求深刻理解的时候，完全可以省略掉补充信息。

事实上，如果把取伞的所有理由全部表述出来，对方听起来也会觉得很辛苦。

补充信息与听者的兴趣吻合，就会变得更有价值

还是取伞的例子。所有可说可不说的补充信息全部表达出来。这就是补充信息过量。

当然，根据不同情况，补充信息会使表达方式变得很有趣。日常闲聊中的补充信息会很重要。

拿前一章中曾举出过"牛磺酸"的例子来说吧。

要解释"牛磺酸"是什么，这个就不涉及自己的言论和主张，所以这个话题的全部内容都成了补充信息。

假设一定要用一句话来解释的话，就可以说"牛磺酸是一种营养饮品中含有的氨基酸"。不过这种解释一点儿也没趣。

"牛磺酸本来就存在于人体，它进入脑、眼、心、肝等器官组织，保证细胞的正常功能。"

"牛磺酸名称源于希腊语,意为公牛,从牛的胆汁里发现的。"

"鱿鱼和章鱼体内都含有丰富的牛磺酸,所以不必非要利用功能饮料来摄取。我们看到鱿鱼身体上带有的白色粉末状物质,其实就是牛磺酸。"

"在国外像红牛等功能饮料中都含有牛磺酸。但是在日本,由于医药法的限制没有加入功能饮料中。"

像这样一个个小的知识点,会让听者觉得很有趣。

另外,虽说目前的信息不包含自己的主张,但是如果想要强调牛磺酸可以从动植物当中摄取,不必依赖功能饮料的主张时,刚刚举例出来的补充信息就可以成为这个主张的依据。

随着表述主题和目的的变化,补充信息的价值和地位也会发生变化。

 补充信息,根据主张和表述主题的设定改变它的价值。

正确表述的顺序⑤：结论引导对方行动

表述的最后，需要重申自己的结论和主张。

也许有人会认为在表述的开头已经表明结论和主张，没有必要再重复一遍，但是结论之后的补充信息越多，表达就变得越长，听者就会越容易在这么多的信息里迷失方向。

长达10-20分钟的发表就很可能会让对方疑惑："你到底想表达什么？具体结论是什么？"所以在表达的最后应该重申自己的主张。比如，

"所以，这次开发的新产品一定会得到更多的忠实用户！"

"说到这里，所有这些理由都可以充分证明本次新项目的开发是有必要的！"

如此将对方带回到最初的主张和结论上来，结束自己的表述。

希望从结论引导对方做出相应的行动时（如购买的意向、裁

决判断），也需要在表述的最后明确地传达给对方。

| 要点 | 表述最后的总结语言，可以影响对方的理解和印象。 |

听者主导类型的表达技巧

接下来,我们看一下接受听者的提问来进行表述的情况吧。

与自我主导的表述类型不同,在接受对方提问后进行说明的情况下,有时可以不必把握前提,也可以没有自己的主张和结论。

例如,"什么是金钱?""什么是经济学?""商业咨询顾问到底是个什么样的工作?"当被问到这些问题时,我们需要在头脑中构建适当的顺序进行解释说明。

对于突然被问到的问题,需要立刻做出解答时,构建表述顺序就有很大难度。

因此,我们先不必考虑得过于繁杂,尝试从以下三个方面来思考:

◎ 按照由主到次(从主干到枝叶)的顺序表述;

◎ 你所解释的内容是对方想知道的吗?认真观察,从对方最想知道的事情开始说明;

◎ **在描述事实的情况下，选择客观内容进行表述。**

首先，重要的是要从大的方面（全体）开始，向小的方面（个体）进行表述说明。这样表述，对方就会很容易听懂。

例如，在介绍公司销售情况时，要先介绍完公司整体销售业绩之后，再介绍个别部门的销售状况。这样表述的整体构造比较清晰，方便听者在头脑中进行整理。

如果在介绍整体之前先介绍个别的情况，那么对方的头脑一定会混淆，分不清主次。

另外，在对方要求对某事物进行说明时，需要注意的是，事实和主观意见的组合方式。此处最关键的就是明确对方的要求是什么。

如果对方想要得到你的意见，你就需要先把自己的意见表达出来，再说明支撑你的意见的理由。

此处的理由**必须是客观的**。

如果理由是猜想、愿望，那你的意见就丧失了说服力。如，上司问你这季度的销售额能否达成预期目标，如果你的回答是"应该没问题，因为去年都完成了"这样无疑是一个令上司不满意的回答。

这种情况下，标准回答应该是先表示"我是这样认为的，……"然后再加上客观事实的支撑。

另一种情况是对方不想要你的意见。这样的话，可以先从表述事实开始，最后再补充自己的意见和解释。

综上所述，不论是自我主导类型的表述，还是听者主导类型的表述，关键就在于要从对方想要的内容着手，再进行表述。

要点	从大到小的表述顺序会让对方容易理解。

即便内容很长,也能让别人听得懂的表述条件

比起简短而不达意的表述,长而达意的表述要好上几十、几百倍。

这里先不去考虑表述的长短,而是需要注意以下3点内容:

1. 确定优先顺序,末位淘汰;
2. 正题和补充信息一分为二,正题优先;
3. 删除无用信息。

我们来逐一解释。

1. 确定优先顺序,末位淘汰

"给你40秒整理装备!"

这是动画电影《天空之城》中的经典台词。

这是主人公巴鲁为了营救被慕斯卡抓住的希达,恳求空中海盗首领多巴带他一起去时,多巴对他说的一句话。

巴鲁大概会在一瞬间内决定所有事情的优先顺序。

故事最开始，巴鲁同希达一起逃跑时，优先放在背包里的都是食物，但是跟空中海盗们去救人时，优先拿食物的可能性极低。

如果巴鲁不这么做，多巴也不会同意带着他一起去，遑论要去救人了。

同样放在表述的情况下，优先顺序的第一位就是对方想知道的事情。

其后才是能够衔接自己想传达和对方想知道的内容信息，然后是自己想表达的内容，这个内容是与对方想知道的内容有关联的。

对于与对方想知道的内容毫无关联的信息，或者没有必要表述出来的信息，可以毫无顾忌地舍弃掉。

2.正题和补充信息一分为二，正题优先

谨记一点，决定好优先顺序，再从主要内容开始表述。

根据内容的不同，做出符合对方思考的优先顺序。**但是主要内容和补充信息的主次关系必须贯彻到底。**

我们在表述过程中，这也想表达，那也想表达。

但是，不要忘记对于听者来说，信息量越少，内容就越容易理解。主要内容尽可能得简单明了，多余信息可以删减，这样就

会使表达内容的主线没有枝节，一线贯穿。

例如，我们在汇报所属部门的业绩时，

"与前年相比怎么样？"

"与计划相比怎么样？"

"增减原因是什么？"

"改善策略是什么？"

这些都属于主要内容范畴。至于像"其他部门情况怎么样？""竞争对手的情况或者近年来的发展趋势怎么样？"这类就属于补充信息，==在表述之前需要思考一下这些是否是表达主要内容所必需的信息。==

大多数情况下，这些都属于补充信息或者参考信息。

通过表述补充信息，可以使内容更加正确详细。但是在表述过程中生硬地加塞进去，会使整个表述过程显得不流畅。在分析过程中加入运算，销售额汇报过程中加入详细的分类划分等，就属于这种情况。

参考信息本身并不是必不可少的内容，但是参考信息可以加深对整体内容的理解。

刚刚列举出来的"其他部门情况""竞争对手情况以及行业的发展趋势"等，可以帮助我们更好地理解事情的背景。这些就属于参考信息。

不过我们没有必要去明确哪些信息是补充信息，哪些是参考信息。

重要的是这些信息是否有必要加入到主要表述内容中，如果没有必要，就可以全部排在后面。

3.删除无用信息

我们在表述一件事情时，尽可能地去压缩信息，使表述内容简单易懂。但还是会有一些难以作出判断的内容。

例如，我们在把握表述前提的过程中，就需要具体问题具体分析。

所谓的把握表述前提，就是将对方可能不知道的内容或对方可能已经忘记的内容，明确地传达给对方，从而调整自己表达内容的开始部分。

反过来说，**如果明确了对方已经了解的内容，那么就可以省略对这部分内容的表述。**

所以，我们虽然在表述之前做了非常充分的准备，但如果我们知道对方对表述内容已经理解了，我们完全可以省略这部分内容，这样会使表达内容简洁明了，节省时间。

总之，可以将前提信息用一句话来表达，就像这几个例子：

"上次交谈已经达成了一个共识，……"
"相关内容，我已经用邮件发给了大家，……"
"关于这个问题，某某先生已经在之前做过说明了……"

使用这样的开场白,根据对方的反应进行推测,如果对方回答:"是啊,读过了。""是的,听说过了,没有问题。"就说明可以省略前提信息了。

除了前提信息,在销售谈话中,对于客户好像不太感兴趣的内容,可以列入客户不感兴趣问题集,一句话带过。

如果觉得客户不会对这个内容感兴趣,至少还是要把项目名称之类的信息表述一下,观察客户的反应,再决定是否省略这部分内容(当然,如果顾客感兴趣就可以进行详细说明了)。

但如果这个内容是无论如何都要传达给对方,并且如果对方不了解就不好理解的话,那就不要管对方是否已经了解或是否感兴趣,慎重起见,还是明确传达为好。

如,产品和服务的说明需要准确传达可否退货、合同解除的条件、折扣的使用等契约内容。

> **要点** 只要严选说明内容,说得长一些也没关系。

| 记下你的总结和感想吧

| 记下你的总结和感想吧

第 3 章

提高表述能力！整理思路的诀窍

思考"对方想知道的事情"

我们在表述一件事物的时候应该避免用想当然的顺序或者经历的顺序去进行表述,尤其是在表述一件事物发生原因的时候,会存在以下几点问题:

◎ 由于信息面网罗范围广,常会夹杂一些非重要信息;
◎ 表述中类似的信息比较分散,增加理解难度;
◎ 大多数情况下,对方不听到最后,得不到想要的结论。

有很多人会用想当然的顺序或者事情经过顺序去表述。因为采用这种方法对于表述者来说,会有以下几点方便之处:

◎ 方便回忆(信息不容易遗漏);
◎ 不必准备,即兴表述;
◎ 基于自己的经历顺序,(对自己而言)叙事结构紧密。

但是,从表述目的的角度反观,我们应该发现仅<u>**以自我立场**</u>

为出发点的表述没有丝毫意义。

对于听者来说，表述需求是简单易懂。

也就是说，我们要知道"听者最想知道什么"，并且用"听者最容易理解的顺序"进行表述。这个表达顺序已经在前文阐述过了。

关键就在于要在头脑里把准备传达的信息整理清楚。接下来我就介绍一些可以提高表述能力，在头脑中整理要传达信息的小技巧。

> **要点** 不是思考自己想要表述的内容，而是思考听者想知道的内容。

表述前，总结归纳"思考内容"的4大步骤

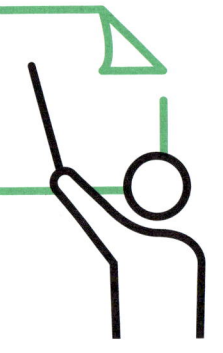

为了"把听者最想知道的内容用听者最方便理解的顺序表述出来"，我们应该怎样去做呢？我们需要做的是在表述之前，做"总结思考"。

具体可分以下4个步骤：

步骤1：明确听者想要知道的内容；
步骤2：明确自己想要传达的内容；
步骤3：确认信息有无分歧；
步骤4：思考如何解决信息的分歧。

下面我们来对每一个步骤进行学习。

步骤1：明确听者想知道的内容

我们在表述时，最重要的就是思考听者想要了解什么内容。自己想表述的内容，如果不是听者想知道的，即使表述得再

多，能够吸引住听者的内容也是有限的。

即使有人想听你的表述，他想听到的也并非是你所有的表述内容，而是需要对自己有用的信息。

也就是说，听者认为听你的表述可以获得自己想要知道的信息，所以才来听你的表述。

例如，一个顾客想要从推销人员的表述中知道什么？

仅仅是想要详细了解推销人员介绍的商品和服务吗？

其实不然。顾客想要了解的其实是这些商品或服务能否解决自己的问题，或者至少能够在帮助解决自己的问题上起到多大的作用。

再比如，你的上司需要掌握你的所有行动吗？

答案是不需要。

上司的关切在于你的工作是否会达到预期的成果。如果不能达到预期的成果，那么需要采取什么对策，自己应该出谋划策提供哪些帮助。

这些内容如果反映在书面上，或许会觉得都是理所当然的事情。但放在实际生活中，不善于表达的人，如果单方面表达自己想表达的内容，那么会导致听者听得一头雾水。

出色表述的关键点在于"明确听者想要知道的内容"。

想一想你的听者最想知道的事情是什么。

可以列举几个选项,再从中选择一个最合适的答案,把这个答案作为传达的核心内容,然后整理思路。

在了解了听者想知道或者想听的内容后,思路就会逐渐清晰起来,也就知道如何一针见血地去表述了。

步骤2:明确自己想要传达的内容

另一方面,如果不知道自己想要表述什么,那也就失去了表述的意义,表述中应该常常包含自己的主张。

例如,推销员一定是想把自家的产品和服务如何不同于其他同类商品、较其他商品有哪些优势等信息介绍给客户。

如果是业务报告,我们通常希望把这些业务情况都清清楚楚地传达给上司,比如表达会按照上司的意愿努力完成目标,或者说明从客户那里得到了信任等。

因此,一定要先明确自己想要表达的内容。

在表述之前需要认真思考一下,自己最想表达的内容是什么,而不是漫无目的地随意说明营业活动情况、业务报告或进行演讲。

同时,我们可以根据最想表达的内容,来思考我们想让听者们做出哪些行动。这些信息可以让我们一边观察听者的行动变化,一边整理思路。但是,如果仅仅清晰了"自己想表达的就是这个"的思路,也是不充分的。"想要购买你的产品和服务""想在人事考核中给个好的评价""想帮助你"等，我们需要从这样的预设目的出发，反向思考，整理出表述的主张。

这样也许会被人认为比较有心机，但是，**你在工作当中的所有沟通的最终目的，就是希望有人会来为你工作**。通过你语言上的表述，使对方在行动或者态度上对你有所改变。

故此，我们需要思考的是，我们希望听者如何去行动、如何去改变。

步骤3：确认信息有无分歧

如果听者想知道的内容和自己想表达的内容是相同的，当然没有任何问题。但是，情况往往不是这样，难免会有出现分歧的时候。

以销售为例，顾客考虑的是目前问题的解决方案，而销售人员想的却是介绍自家的产品和服务。"顾客需要的解决方案"和"产品服务的特点"显然存在很大的分歧。

再看工作报告的例子。上司想要了解的"项目完成情况"和自己想要表现的"努力程度"，两者也不是一回事。

步骤4：思考如何解决信息的分歧

明确了分歧所在，接下来需要思考的是如何解决分歧。

我们看一看想要消除"顾客需要的问题解决方案"和"产品或服务的特点"之间的分歧，需要了解：

◎ 顾客需要解决的问题是什么？
◎ 这些问题需要怎样才能解决？
◎ 解决这些问题时，是否有意愿利用自家的产品或服务？

要想消除"项目完成情况"和"努力程度"的分歧，就应该明确以下内容：

◎ 上司期待的成果是什么？（这个部分可能会在工作安排初期的磋商中就已经明确了。）
◎ 预期成果在数字上的达标情况（销售金额、订单数量等）；
◎ 今后工作计划，以及预期最终达成的目标值；
◎ 按照目前的工作程度，是否可以达成目标；
◎ 如果离达成目标还有难度，需要另外做出哪些努力。

消除分歧有两个方法：

一个是"增加自己的信息量"。
另一个是"控制听者的预期值"。

我们先来分析"增加自己的信息量"。
要做到增加信息量，就要把能够解决分歧的所需信息毫无遗漏地收集起来。

根据最先筛选出来的信息，**把听者想知道的内容与自己想表达的内容联系起来向听者进行表述。**

这样既回答了听者想知道的内容，也把自己想表达的内容融合进去了。我把这个方法叫做"正攻法"。

另一个方法是，在表述的一开始就根据手头掌握的信息或想要表述的内容，公开想要表述的内容范围。比如，在表述一开始就言明："今天我要谈论的是这个话题"，明确表述内容的范围。这就是"控制听者的预期值"。

我们还是以销售为例。"请允许我给您介绍一下敝司可以为您提供的服务内容。但是，在此之前，我还是想先了解下贵公司的具体情况。"这样表达就会告诉听者，现在不是要介绍商品，而是想听对方说些什么。"我来介绍一下敝司客户案例以及为客户解决了哪些问题。如果有和贵公司类似的案例，请指教。"其意思是说，现在不是介绍产品的功能和特性，而是介绍客户案例，想听取目标客户公司的产品诉求。

在工作报告中，"我来汇报一下目前为止的工作情况，如与其他同事相比有不足或者需要改进的地方，请多指教。"这样寻求帮助的表达，可以消除工作现状与预期值的分歧。

按照这个步骤整理出来的表述顺序，就与"时间系列（想当然的顺序、经验的顺序）"的表述不同：先类推出听者的兴趣和关切，再以此为主线构建表达思路。经过这样的整理，你的表述才不会南辕北辙，适当的信息才会准确无误地传达给听者。

| 要点 | 明确听者想知道的内容和自己想表达的内容。 |

越简短的表达就一定越容易理解吗？

概要和关键词

"请简要说明！"
"请简而言之！"
"长话短说吧！"

我们在表述的时候，是不是会经常遇到这样的要求。因此，很多人会认为，表述就要尽可能简短。

没错，叙述的确是需要简短一点。繁冗复杂、索然无趣的叙述很容易引起听者的反感和迷惑。这么说，简短的表述确实更好。

可是从另一个角度看，也不是简短了就一定合适。

一味地追求简短，反倒会令表述更加难以理解。言简意赅的表述，其实是需要高超的技巧的。

"概要"和"关键词"就是两个关键性技巧。

◎ 概要　　◎ 关键词

关于两者的详细解释，下文会有介绍。

所谓的概要，就是从很长的表述中提炼出最关键的要点。关键词则是关注真正重要的内容，使表述"结晶化"。

虽然这两种语言表达技巧没有准确的定义，但是我认为可以将他们分为以下两种情况来分别使用：

概要是把表述内容变得简短。

关键词是筛选出最能表达表述内容本质的词语。

这两项技巧如果不能正确使用，即使表述很简短，还是让人听不懂。

举个例子，报纸或者网页新闻的标题，综艺节目主持人的表述等，都属于概要或者关键词的一种。

但是，我们知道这往往会出现很多令人误解的时候。语言过于简短，会丧失准确性。因此我们说，要想使表述简短易懂，的确需要相当高的技巧。

另外，为了追求表述的准确性，会出现过多的解释说明、反复的强调。我们阅读过的所谓的"专业书籍"，往往都是采用过分详细的表述，最后变成了厚厚的一大本。

要想使表述言简意赅，并不是一件容易的事。

下面是关于某虚拟商品的说明内容，我们来比较一下说明文A与B之间的不同。

说明文 A

◎ 酒精饮料三瓶装。
◎ 酒精浓度递减。
◎ 第二天醒酒快。

说明文 B

◎ 酒精饮料三瓶成组销售。

◎ 酒精浓度按照递减形式组合,第一瓶酒精含量7%,第二瓶酒精含量5%,第三瓶酒精含量3%。

◎ 第一瓶速饮易醉,烘托饮酒氛围。

◎ 第二、三瓶酒精度降低,摆脱宿醉烦恼。

◎ 三瓶装,量多饮用时间长,增加畅饮满足感。

◎ 酒精摄取少,次日醒酒快,不易宿醉。

哪一个说明文会让我们脑海里对商品的印象更加深刻呢？

显而易见，是表述内容较长的说明文B，商品的特性都准确地表达出来了。

或许也会有人认为，说明文B的表达太长了。

但是我们事先需要明确的一点就是，**在保证传达内容的准确性基础上，做到言简意赅的表述，是非常有难度的。**

一味追求文字的简短而忽视了传达内容的准确性，本是本末倒置的做法。**只要内容得到了准确的传达，即使表述内容长一点也未尝不可。**

叙述的重点在于是否正确的将内容传达给对方，而不是表述内容的长短。

掌握了概要和关键字的基本要领，就可以使叙述变得既简明又易懂。具体的方法，我会在下文详细说明。

> **要点** 与其简短不易懂，不如长一点的表述好理解。

概要

(例)

Before

日本有着详细的区域划分。
代表性区域有东京、大阪、京都、爱知、福冈、北海道、冲绳等。
合计47所,其中大部分被称为"县",而东京则被称为"都",大阪和京都被称为"府"。
只有北海道例外,称谓中就包含了"道"字。

After

日本划分为47个行政区域。
分别是1都1道2府43县。
除了东京都、大阪府、京都府和北海道以外,其余区域都被称之为"县"。

要点

☐ 省去多余的表述。如,个别的地区名、"详细的"、"代表性的"、"合计"。
☐ 找到可以替换的简短表述:1都1道2府43县。
☐ 删除参考的内容:只有北海道例外,称谓中就包含了"道"字。

关键词

（例）

Before

听说过"银Bra"吗？
很多人误以为这是在银座悠闲散步的意思。其实，它的意思是在银座喝巴西咖啡。
据说起源于银座八丁目中央大道的一家咖啡馆，这里会给来喝咖啡的顾客颁发一张"银Bra证书"。

After

（A）语言的起源、意义经常会被误解。"银Bra"就是一个很好的例子。
（B）"银Bra"起源于一次商机，是发源地的商家为了招揽顾客而颁发的一张证书。
（C）去银座就去这家咖啡馆喝咖啡吧。这样你就成为一个"银Bra"的成员啦。

要点

☐ "本质"并不唯一=没有绝对的正确。
☐ 确定应该表达的内容，找出最合适的关键词。
☐ 可以列举关键词（起源、发源地、"银Bra"的成员）。

着重表述主干内容，其次是枝叶

虽然说并不是一定要缩短表述，但表述自然还是越简短越好。

但是，正如前文所述，简明扼要的表述需要高超的技巧。

其中最简单的一点就是"减少想说的内容"。

如果按照时间顺序来阐述，虽说内容分散，但内容得到全面覆盖。一般人都比较擅长根据事情经过顺序和想当然的顺序来回忆起想表述内容。

但是，如果把所有的经验和思考的内容都表述出来，就要提供非常多的信息。这也就是表述变得冗长的最大原因，同时也是听者觉得不知所云的原因所在。

我们在描述一棵树的时候，本质上并不是对枝叶的描述，而是从组成这棵树的主干（根据场合不同，有时候可能是根）部分来表述。

更甚言之，在做表述"枝叶"和"主干"的选择时，一定是选择表述"主干"的。

以工作为例，**最重要的是分清哪些是主干，哪些是枝叶**。

比如，你是一个销售人员，上司问你："最近销售业绩下滑，问题出在哪里？"假如你是这样回答的：

◎ 大客户A公司的订单最近有下滑趋势；
◎ 原材料价格上涨；
◎ 新产品销售低迷；
◎ 目标客户B公司过于谨慎，很难取得订单。

如果按照上面的举例来回答上司的问题，就是选择了"枝叶"。或许这些的确算得上是问题。但如果这样把问题罗列给上司，上司会作何感想呢？恐怕上司会这样想：

"到底哪个才是真正的问题？"（这其中有真正的问题吗？如果有的话，究竟哪个才是真正的问题？）

"能不能一句话概括主要问题所在？"（是否可以用一句话概括"原因≈问题"？如果可以，就用一句话概括吧。）

其实我们只要回答一句："新客户的开发不是太顺利。"是不是就更为恰当了。

这样一来，上司可能会继续追问："为什么这么认为？"这是对理由和根据的确认。"有什么对策吗？"这是针对问题所在，对下一步行动的确认。

那么两者有什么不同呢？

前者作为"枝叶"的列举，**没有针对问题本质内容进行回答，所以话题不能继续深入。相反，后者作为"主干"的表述，上司可以很容易地捕捉到表述内容，从而话题得以深入。**

这里最重要的是，如果不把自己想要传达的内容很好地传达出去，那么话题就没有办法继续。

没必要的内容就去掉。如果有无论如何都想要传达给对方的内容时，可以作为补充信息，放在表述内容的最后。

要点	不被"枝叶"迷惑，抓住"主干"。

"主干"和"枝叶"的表达顺序

① 首先从"主干"开始表述；
② 其次才是对"枝叶"的表述。

重要的是抓住"主干"，而不是"枝叶"。

抓住主线,揪其本质

舍弃枝叶,抓住主干,就是之前提到的概要和关键词技巧的活用。

这里需要反复强调的是,概要的实质就是把要点概括出来,而关键词就是把最核心、最精华的本质表述抽取出来,升华到整个表述的意义当中去。在商业顾问行业里,人们把概要称之为"samaru(日语中把名词活用为动词的一种表达方式,意为"总结"。)"。

善于表述的人,实际上就是擅长提炼概要和关键词的人。

在提炼概要上经常会出现的错误,莫过于信息过于简单。这就是因为在提炼概要时,只注重了"概"而忽略了"要"。

周末我和女朋友约在新宿车站见面,一起乘坐特快电车,感觉像是坐在高达机器人里面,兴奋得不得了。在电车里,我们一边看着风景,一边喝着啤酒。在箱根汤本站下车后,沿河流上游步行了大概10分钟。我们又在一家面馆吃了一碗荞麦面，之后坐着缆车来到强罗。在森林美术馆一边做着足浴，一边喝着香槟。在强罗温泉住了一晚，次日乘坐缆车经由大涌谷，在芦之湖登上了海盗船。接着，我们乘坐巴士回到箱根汤本，最后乘坐特快电车回来了。

这么一大段内容，恐怕用一句"周末去旅行了"就可以概括了。

但是，这样概括，既没有具体的内容，也没有抽象的信息，可以说是最差的概要。

假如非要用差不多的字数来概括的话，至少应该说"**和女友去箱根旅行**"或者"**特快电车上的啤酒**"。

高明的概括方法有哪些要点？

如果不能用关键词来使听者在大脑中形成具体的场景和印象，那么这种概要是无法传达信息的。

还是以工作为例。要注意概要性表述的文章，如"提高订单处理的效率""库存最优化"。

当然，生活中会经常遇到有人"只想知道结果"的情况，但这并不是"请你总结概括"，而是针对"结论是什么"的问题的回答。

像这样改进工作状况的总结，最好还是说明一下需要改进的具体内容。

例如，如果利用"建议订单数量已明确显示"或者"灰色标记的物品表示店内库存充足，不需要下订单"等诸如此类的具体方法来提高订单业务的效率，那么像"通过建议订单数量的高亮显示，非订单对象的暗化显示机能来实现订单业务的高效化"这类的表述还是不可缺少的。

总之，在具体的思考当中，严选出最应该传达的内容和最想传达的内容，精准地概括总结，才是表述的诀窍所在。

> **要点** 找出最应该传达的要点。

表达内容彻底可视化

在商业顾问行业中,经常会听到这样一句话:"不能被书写的思考就不是真正的思考"。

"书写",说它与思考具有同样的意义也不为过。"书写"就是将思考更加具体化、可视化的方法。所以,书写可以让思考变得更加客观。

主观上对事物的理解是浅显的,更何况在向对方表述某一事物时,需要按照对方感兴趣的程度、理解能力的程度来进行阐述。这样就要求所表述的内容一定要具有客观的可视性。

因此,想要深刻的思考,就必须从客观上把握住事物(或者自己的想法)。

为此,我建议把想法或者信息写在纸上或笔记上。

书写,是将思考文字化和可视化的行为。将一些想法或信息写在纸张或者笔记上,可以把头脑中的主观想法以客观的形式重新整理出来。

这种做法可以冷静地评价自己的想法在理论上是否有破绽或

者还有哪些不完善的信息。

商业顾问可以说是用纸张或笔记思考的专家。

很多咨询师都出版过关于制作发表资料或者PPT设计技巧的书籍，因此很多人会认为咨询师们大多都精通PPT设计技巧。

但是事实上并非如此。

当然，他们在整理资料或者设计PPT上的技巧十分高超，但是大多数情况下，在制作这些资料之前，他们都是在纸张、笔记或者黑板上先整理出思路的。

没有人可以一上来就把资料或者幻灯片直接做出来。

在整理自己的想法时，尽量不要一开始就打开电脑，试图在PPT上直接操作完成。尽管这样做出来的PPT似乎感觉像是在整理、总结自己的想法，但其实PPT根本不适合直接进行整理和归纳。

至少在掌握思考的整理方法之前，还是要将自己的想法先写在纸张或者笔记上，建立起逻辑关系，再使用PPT工具完成整理。

无论如何都必须使用电脑来整理的时候，至少先不要使用PPT这种视觉效果工具，而是使用Word一类的文字编辑软件来做好整理，将思考文字化（使用视觉效果更有利的情况下除外）。

想传达的内容比表述长短更重要

正如反复强调过的，在将思考可视化的过程中，并不需要格外注意表述的长度。

有很多人自以为自己可以写长文，一旦下笔，却意外发现自己写不出来。

很多时候做不到完美的表述，其问题本质其实并不是缺乏精简语言的能力，而是还没有准备好最想表达的内容。

别说言简意赅了，就连用很长的表述都未必能表达清楚。只有清楚地认识到这一点，才算是真正意义上的"第一步"。

在商业咨询服务过程中，我发现，无论是客户还是同事，苦于不会表达的人，实际上并不是归纳总结的能力不够，而是还没弄清楚自己到底想要表达什么内容。

这与头脑的聪明与否无关。

他们只是不知道"先写下来，再客观观察"的基本操作而已。

整理表述内容的技巧

对这方面没有自信的人，可以参考以下几个要点：

1.把事情经过顺序和想当然的顺序全部写下来；

写下自己的想法

别人听不懂的一个原因就是,自己想表达的内容没有总结出来。首先把自己想传达的信息写下来,反复推敲的过程很关键。

在纸张或笔记上写下自己的想法,整理思绪。

2.把最想传达出去的内容，用荧光笔标记出来；
3.将做好标记的部分重新分类整理；
4.将各部分的内容以文章的形式整合起来；
5.逐条整理出来的内容顺序就是表述内容的顺序。

我们逐一地来进行说明。

1.把事情经过顺序和想当然的顺序全部写下来

首先，把想要表述的所有信息都写出来。

不必拘泥于顺序，但建议根据时间关系罗列，因为这样不容易遗漏。

根据时间关系不是很容易罗列时，可以分条书写。

根据不同内容，可以采用4P、3C等类似的框架结构来书写（下文有详细介绍。）。

为避免有遗漏的内容，即便是同样的内容也没关系，把能想到的信息尽可能地全部写出来。

2.把最想传达出去的内容，用荧光笔标记出来

需要的内容全部写下来之后，认真阅读。用荧光笔将最想传达的内容、听者很可能感兴趣或者关心的内容标注出来。用不同颜色区分不同的内容，比如，

"商品、服务相关内容"用红色；

"顾客、用户课题相关内容"用蓝色；

"成功体验"用黄色；

"今后的行动"用粉色。

不同的内容用不同颜色区分开，对之后的步骤会很有帮助。

3.将做好标记的部分重新分类整理

将标注同一颜色的内容分为同一分类，整理出可以代表主要内容的关键词。例如，我们在描述商品和服务的时候：

◎ 零售店反馈说该商品比竞品价格高，不易销售；

◎ 问卷调查结果显示，该商品包装满意度极高；

◎ 经过开发部门测试，该商品在性能上明显优于同类竞品。

从上述描述中可以提取"价格高""零售终端销售课题""优质包装设计""性能优越"等关键词。

4.将各部分的内容以文章的形式整合起来

整合从各部分中提取出来的关键词，扩写成一篇文章。

我们可以将第3点中的关键词整合成一篇文章。如果此时还需添加更多想表述的内容，也可以在此添加。我们可以这样写：

我们可以准确表达该商品性能好这一卖点来说明定价高的原因。因此，我们有必要采取一些行动，向零售店传达"高性能决

定高价"这一点。

商品包装获得消费者一致好评，因此可以建议零售终端陈列商品时重视摆放角度等方面。

5.分类项的排列顺序决定了说明的顺序。

最后要讲的是表述的构造。前面也曾提到过，要想准确地捕捉听者的兴趣点或者使对方能够顺畅地理解，就需要调整内容的表述顺序。

当然，如果这时还没有整理出"自己想要表达的内容"，那就先明确一下"对方想知道的内容"。

> **要点** 把内容写在纸张或者笔记上，将其可视化。

总结表述信息的步骤

1 书写	2 标注颜色	3 重新总结归纳	4 再次拟成文章	5 排列表述顺序
尽可能全面地罗列出表述内容；	同范畴的内容用同一种颜色标注；	根据标注不同颜色的内容进行重新归纳总结；	总结出来的分类项用通顺的语言再次组织成文；	把表述内容按照适当的顺序排列。必要时可以添加接续词或者重新组织语言。

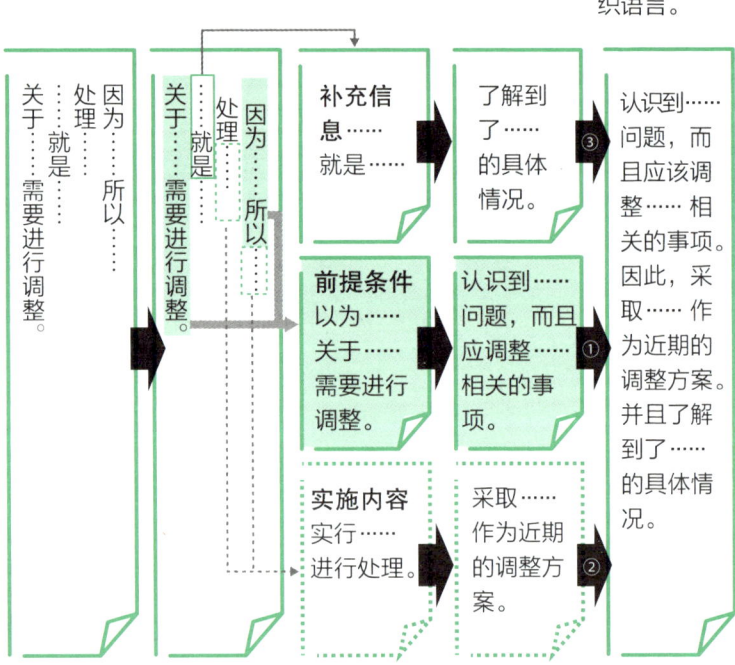

| 记下你的总结和感想吧

| 记下你的总结和感想吧

第 4 章
提高对方理解力！梳理『对方思考』的技巧！

为了提高对方的理解力，尝试去整理对方的想法

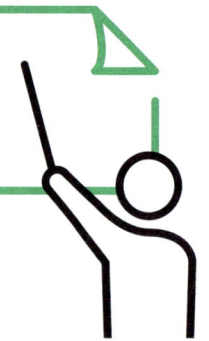

　　自我思考的总结可以提高表述力。整理对方想知道的情报、事情以及自己想表达的内容，接着思考用何种顺序来表达，这一系列的动作可以让我们的说明和表达方式通俗易懂。

　　但是，这才仅仅是最基础的一步。如果我们能够进一步去整理听者的思考，就会使表述变得更加通俗易懂，甚至获得我们所希望的反馈行为。

　　如果说前一章节介绍的是"提高自身表述力的技巧"，那么本章节介绍的内容，可以说是"提高对方理解度的技巧"。

　　下面就来介绍一下更加容易将信息传达给对方的方法，也就是所谓的"抓住对方思考的技巧"。

　　这样一说，你可能会认为这会改变对方的思考和意图。其实不然。通过语言的引导和小技巧，会使听者深刻地理解你所表述的内容。

　　下面介绍3个整理对方思考的方法：

◎ 用"地图"来整理听者的思考；
◎ 用"提问"来整理听者的思考；
◎ 用"框架"来整理听者的思考。

> **要点** 抓住听者的思考，可以利用3种方法。

定义整体，用"地图"来表示

自己头脑里的思路即便再清晰，如果不去整理听者头脑中所想，我们表述的内容也不会很容易地被对方理解。那么，怎样去整理对方头脑中的想法呢？

大多数的听者，原本就对你的理论展开方式以及表述内容一无所知，有时根本就不知道是关于什么的内容。

听者往往不知你的表述从哪里开始，也不知向何处延伸。

解决这个问题最有效的方法，就是和**对方共享"地图"**。

对方知道了话题从哪里开始，又朝着哪个方向前进，才会更容易听懂你的表述。

所以，由文字引路，就不会再"迷路"了。

那么，**在表述的开头，我们就应该提供给对方一个整体印象。这个整体印象，就是表述或者说明的"地图"**。无论在什么样的场合，首先不把这个"地图"展开，那么所有的相关人员都可能成为迷途之人。

生活中，我们要去一个地方，理所应当地打开地图，查看路线，那为何在工作当中却不能像这样去做呢？工作，其实也是朝着一个目的地前进，它也需要有一个人来为大家画出"地图"。这张"地图"需要在讨论的最开始提示给大家。

这张"地图"还有三大好处：

◎ 可以明确需要思考的范围；（区域图）
◎ 明确自身所讲的内容是哪部分；（现在所在位置）
◎ 了解多个论点之间存在的关系。（位置关系）

下面以在会议当中发表自己做出的方案为例。

首先是表述的开头。

"接下来，我针对自己的企划'任意门'来进行说明。

"首先，这个商品的名称源于一部非常有名的动画片《哆啦A梦》中的'任意门'。不论何时何地，都可以通过这道任意门，到达任何想去的地方。我希望这样的事情可以利用IT技术实现它。

"实际上，实现这个技术所使用的设备就是一台投影仪、一个网络摄像头以及一个通信软件SKYPE。首先，这个通信软件……"

这样的表述，完全是按照思考的先后顺序来进行的。

也就是说，按照时间先后顺序的表述，听者在完全理解这段表述内容之前，还不知道要花上多长时间。参会人员甚至可能不

整理对方头脑的"地图"

共享地图的好处:
◎ 可以明确需要考虑的范围;(区域图)
◎ 明确自身所讲的是哪部分;(现在所在位置)
◎ 了解多个论点之间存在的关系。(位置记录)

> 大家都看着同一张"地图",表述内容就更容易理解了。

知道发表的意图是什么，只是木然地听着罢了。

我们来试着将这段表述用"地图"展现出来，再重新整理：

"接下来，请允许我来介绍一下我的方案。我会先介绍一下这个方案的主要构思和概念图。请大家针对这个方案的可行性以及实用性进行讨论和点评。

"方案的名称叫做'任意门'。灵感来源于《哆啦A梦》的神秘工具。

"下面通过介绍本方案想要实现的效果和为用户提供的价值，来说明技术上的应用。之后会留给各位提问和指正的时间。

"这个方案采用了'任意门'的概念，不论何时何地，都可以到达任何想去的地方……"

听了这样的表述，参会人员一定会有下面3点理解：

◎ 企划方案的灵感；

◎ 概念图；（功能和利用价值）

◎ 实现方法。（所需的技术、软件、合作伙伴？）

因此，听者可以一边听表述，一边参照这份"地图"，了解话题的进展程度和延伸方向。

甚至，听者还了解到发表人希望针对企划方案的可行性和实用性进行讨论和点评，从而将这一部分作为重点，在头脑中反复论证和思考。

像这样，在表述的开头用"地图"作为提示，我们就会清晰地看到话题的起始和方向，并且清楚地了解话题走向，使内容偏差大大减小，表述者和听者达到步调统一、共同理解的效果。

> **要点** 与对方共享同一张"地图"，整理对方的思考。

表述"地图"的制作方法

表述"地图",可以分为以下两种:

◎ 表述脉络的"小地图";
◎ 表述整体的"大地图"。

如前所述,如果说"小地图"就是把表述的事情梗概最先表明出来,那么所谓的"大地图"则并非一个人在慢悠悠地表述,而是在很多人进行讨论、发言、集思广益的场合中使用。

现在来看一下如何去完成一个"大地图"。要完成"大地图",必须要遵循以下五大原则:

原则1:"地图"尽可能地大;
原则2:不要惧怕更换"地图";
原则3:明确焦点所在;
原则4:时刻回归"地图";
原则5:扩展"地图"的时机是表述开始的时候。

原则1："地图"尽可能地大

首先，表述"地图"的世界观，越大越好。

尤其是集思广益的会议或者为了把握客户端需求而进行的发散性讨论，都要尽可能地把"地图"做大。

比如，与东京23区相比，可以扩展到关东地区地图、日本地图，乃至世界地图，尽可能地将"地图"的范围扩大到极限。

这样做是为了避免在表述过程当中出现一些意想不到的疑问或者意见，所以我们尽可能地将预想的范围扩大到极限。

在商业顾问领域的头脑风暴会议当中，常常会准备"世界乃至宇宙范围的无限广阔地图"，这样即使出现了跑题的意见，"这是火星上的话题吧？"用一句这样的玩笑话，就可以将话题拉回到主题上。而且这样做，提问者得到了满足，讨论的话题也没有偏离主题。

具体实例中，在说明商品的优越性时，不能只提到商品价格低廉，还应该包含商品的个性功能、流通特征、促销活动等信息。

这时，如果有人说："这个漂亮女明星代言的广告不错哦！"等无关话题，就可以认为该话题归类为促销活动的范畴。

然后你可以这样说："难不成您是某某的粉丝？那我下次看看有没有附带她照片的小赠品，给您准备一个！"

不要认为"话题跑题了"就不接这个话题，而应该在广义的"地图"上构思，将话题又带回到主题上来。

原则2：不要惧怕更换"地图"

一开始展示的"地图"并不是绝对的，可以随着讨论的流程修改替换。当然，按照最初展示的"地图"将话题推进下去是再好不过的了。但是在纷繁复杂的讨论过程中，出现偏差的可能性极大。

诸如比例尺不准确、规定范围错误、关注的地区不同等分歧。这时，就需要制作出一张能够整合全员意见的"地图"。

除了在灾害现场的特殊情况下，必须在一瞬间做出决定或者准确进行说明的情况，几乎是不存在的。

因此，为了明天不再迷失方向，今天在"地图"上花些心思并不是坏事。正所谓磨刀不误砍柴工。

例如，在介绍产品时，常常遇到如"贵公司对客户的态度不是很好！"这样超出"地图"范围的问题。

这种情况下，可以这样回答："我们会重视客户服务体制"，从而拓展"地图"的范围。接着可以问对方："还有其他哪些问题吗？或者其他公司有哪些好的地方需要我们学习，请多多指教"，将问题抛给对方，稳定住"地图"的边缘范围。

原则3:明确焦点所在

尽可能在覆盖全体的基础上,明确表述的要点。虽然没有必要盲目地去压缩内容,但是不明确想要讨论的话题,讨论就会没有主题,散乱不堪。

按照上面的例子,我们就可以说:"首先,让我介绍一下该商品的优势所在。至于客户服务体制的问题,敝司一定不负众望,努力改正,等下次再找合适的机会向各位说明。"这样就明确划定了讨论的范围。

或者说:"感谢您提出的问题,那么今天我们就聆听一下贵公司对于这方面的意见。关于产品的介绍,我们可以改日再进行。"或许像这样立即更改之前所做好的"地图",使话题重新开始也未必不是好的方法。

更进一步,我们可以在"地图"中划分区域,譬如"产品价格""产品功能""流通的特性""促销活动"等不同的阵地,将类似的话题逐一归类整理。

原则4:时刻回归"地图"

既然已经定义并且共享了制作出来的"地图",就需要时常注意我们在"地图"上所在的位置。

"打开地图"就意味着掌握会议的主导权，因此我们在会议中有很强的存在感。

在此基础上，"边看地图边开会讨论"就等同于"全员共享讨论内容的理解程度"。

有了这样的"地图"，现在我们的所在位置、目标，还有我们必须考虑到的各种因素（移动距离、最合适的交通工具、需要克服的障碍等）都会被在场人员理解，从而使整场表述毫无障碍地到达提出结论的最后一步。

另外，即使在产生误解的时候，那种"错误""误解"在构思"地图"过程中也会有人注意到并提出来。

这样做对事物的理解就会更加精准。

有时候，虽然当前正在进行的话题是"介绍产品的优越性"，但是常会有人在此时提出"过去针对客户服务"上存在的问题。这时候如果全员都在看着同一张"地图"的话，就可能会有人站出来阻止他说："现在不是讨论这个问题的时候。"

抑或是，正在介绍洗涤剂产品的价格优势的时候，会有人反驳说："尽管这个洗涤剂价格便宜，但是其容量要比别的产品少吧？"这时你就可以轻易引出"地图"上属于"价格"范畴内的话，比如"每一升的单价要比别的产品都便宜""量虽然少，但是洗涤效果是一样的"。

因此，我们要有"地图"意识，参照"地图"推进话题，进行表述。

原则5：扩展"地图"的时机

将"地图"扩展开来的最佳时机是在展开话题的最开始。

经过事前精心的准备，在发表之初就将内容的主题定义清楚，掌握主导权。

第一次讨论很难下结论的时候，在第二次讨论或者之后的讨论之初，要将内容明确清楚。

比如，用这种形式提示一下："之前的内容，我总结了一下。"

从上一次的讨论到这一次，中间间隔时间很充分，有必要的话，也可以和周围的人一起回顾一下上次讨论的内容。

除此之外，我建议擅长表述的人，在会议结束的前15分钟，慢慢站起身来，面向白板，做出最后的成果总结，使结论如同闪电一样，闪现在听者们的面前。

当然，这需要在讨论过程中，准确地记录参加人员的反应或者发言，进行各种分析，找出最恰当的切入口，提高制作范围足够广大的"地图"的技巧和速度。

会议结束前15分钟是与会人员最敏感的时间，人们会感觉到在这个时间里如果还得不出结论，那今天的讨论就不会有结果了，因此这时总结讨论结果最为适宜。

参加会议或者讨论的人，都会抱有一种不安的情绪，他们会担心话题的走向,会关心话题的所在。因此,为他们做出一张"地图",可以使他们安下心来,认真地倾听和理解你所要做出的表述。

> **要点** 用"地图"获得主导权,使听者安心。

整理听者想法的"提问法"

下面要介绍的是整理对方想法的第二种方法：用提问来整理。

表述说明，既然是一种沟通方式，那么很少有仅靠一方表达的情况。理想的说明是引出听者的想法，根据情况，采取最为合适的方式去传达事物和信息。

利用提问的方式来进行表述有下列几点好处：

◎ 根据提问得到的答案，使听者的思考语言化；
◎ 听者会在自己表达的语言中衍生出话题的主干；
◎ 可以了解听者想要知道的信息，进一步进行补充说明。

首先，对方在回答问题时，会列举出自己的想法。像在第三章中提到的一样，将自己的思考写在纸张或者笔记本上。有意识性地总结自己思考的人为数不多。

很少有人事先将思考总结成型，很多时候都是从大脑输出的瞬间才首次成型。反过来说，如果不是因为要将思考从大脑输

出，实际上就没有成型的机会。

想要对方将头脑中的想法事先做好整理，让对方发言就是最佳的方法。

那么，向对方提问就是使对方发言的最好手段。

回答提问的听者，通过发言，会自发将自己的真正想法和心情整理出来。

不经思考的回答和经过反复提问后深思熟虑的回答会有很大的不同。

例如，觉得自己不喜欢运动的人，被反复提问，慢慢地深入话题，最后可能会意识到自己只是不喜欢跑步而已。

让对方自发的表达自己的想法，其实就是在让对方整理自己的想法。

另一种效果是，对方从自己嘴里说出来的话，不会轻易去否认，因此，会自然地形成话题的方向。例如，看到对方表情很痛苦，就问对方哪里不舒服。对方的回答："腰部有些疼痛。"

这样的回答，基本上就是不可否认的了。

如果销售人员不失时机，推荐对方缓解腰痛的产品，说："您看这款产品怎么样？"对方想说不需要也是很难说出口。

因为自己已经说出了腰痛的困扰，就不会自己去否认这个事实。

优秀的销售人员就是会向对方提出关键性的问题，根据对方的回答来判断说话的内容和方式。相反，业绩糟糕的销售人员，

就是因为不会向对方提出问题,而仅是单纯地向对方进行灌输式的介绍。

另一方面,向对方提问,还可以得到更多关于对方的信息。

归根结底,就是我在一直强调的,介绍说明最重要的是清楚对方想要听的是什么。一味地以自我为中心的表述,没有任何意义。

通过向对方提问,就可以了解更多对方想知道的信息,从而调整表述的方向。

找到对方真正想知道的信息

像这样,有意识地整理对方头脑中的内容,是表述说明中必不可少的。

例如,假设一组家庭在为去哪旅行的事情而烦恼。有人提出去东京的迪士尼乐园,但是一直犹豫不决。

如果你是旅行社的工作人员,在接待这种客户的时候会怎样去做呢?

如果是我,我会这样开始交谈:

"**迪士尼乐园是个很不错的选择哦,不过您有什么顾虑吗?**"
"是啊,带着孩子去,恐怕玩不尽兴啊。"

这时会得到一个提示:这位客户认为带着孩子会玩不尽兴。

"原来如此，那您是觉得孩子们会玩得不尽兴还是您觉得爸爸妈妈会不尽兴呢？"

"两方面都有吧。大儿子才刚刚上小学，太长时间的排队等候可能坚持不了。并且还得推着小儿子的婴儿车走到各个主题公园去，我和太太也会感觉很累的。"

长时间的等待对大人和孩子来说，的确是件很辛苦的事情。接着提问：

"那请问当初为什么选择去迪士尼乐园呢？"

"没有孩子之前，我们俩人每年都要去一次的，有了孩子之后就很少去了，所以这次正好是一个好机会。"

这组家庭不是因为孩子喜欢迪士尼的卡通形象，而是爸爸妈妈对迪士尼乐园有很深的情感。

"原来如此，那么请问一下您的儿子有特别喜欢的卡通形象，或者其他的兴趣爱好吗？"

"我们也说不清楚，但是他们好像对绘画或者雕刻比较感兴趣，每次看到漫画集就会一直盯着看很久。"

此时，对方的头脑当中就会有以下几个要求：

◎ 人员混杂的地方还是等孩子们长大一点后再去；

◎ 迪士尼乐园还是等两个大人有时间的时候单独去；
◎ 带着孩子去旅行，以孩子为中心；
◎ 孩子有意想不到的兴趣，这也不是什么坏事。

基于以上内容，我做出了以下旅行方案：

"原来如此，听了您的想法，我觉得迪士尼乐园还是等孩子们长大一些再去会好一点。

"如果孩子对绘画和雕刻感兴趣，您可以考虑去箱根的'雕刻森林美术馆'。

"周边有很多可以住宿的旅店，带着小孩子也可以很轻松。

"迪士尼乐园还是等以后有机会二人世界的时候再去吧。

"如果孩子的爷爷奶奶也愿意一起去旅行的话，我们可以帮忙预定旅馆的套间，这方面您也可以考虑一下。"

也就是说，所举的这个例子，是按照下面的顺序进行说明的。

◎ 首先，利用提问，使对方把自己的想法用语言表达出来，共享信息；

◎ 根据得到的信息，按照对方的想法去制定方案；

◎ 整理后的方案可能与原来的打算相去甚远，所以将最初的迪士尼乐园方案重新进行安排。

像这样，将对方头脑里的想法引导出来，组建自己想要传达的内容,并且精准地传达给对方。这就是表述说明的技巧。

> **要点** 利用提问,找到对方想要的信息。

"换位思考"的真正含义

我们常说要换位思考。

在服务行业会经常听到这句话。实际上,这句话在所有的商业领域中,都是非常重要的警句。

当然,在本书提到的关于"表述"的场合也不例外。

在商业中,一会是卖家,一会可能又成了买家;有时是上司,有时有可能变成了下属。

除了一部分极为特殊的情况,每个人在不同的场合,扮演着不同的角色。

这里提到这些的目的是要说明"**立场有强弱之分**"。

确切地说,是"强势"和"弱势"。

卖家和顾客,卖家基本上处于弱势地位。

上司和下属,上司强势而下属弱势。

因为有了这两种立场的划分,"换位思考"这句话,就有了不同的做法。

自己处于弱势时,想象对方想要的东西

身处下属或者卖家的弱势立场时,"站在对方的立场"到底意味着什么呢?

其实就是想象上司或者顾客想要的东西。

对方想知道的是什么;

对方想听到的是什么。

对于这些事情的想象是很重要的。在还没有习惯的情况下,这样做会很难,但是时常意识到这一点,慢慢地就会做到。

重要的是要有意识地去做这件事。

这需要认真地猜想"这个人想要什么",并不断地验证这个判断是否正确。

自己身处强势立场时,回忆过去的自己

如果自己身处强势立场会是怎样一种情形呢?

自己处于强势立场时,往往不会去顾及对方的感受。就买方和卖方的关系而言,大多数情况下,买方是不会考虑卖方的立场。

即使不需要考虑,但考虑之后的表述才会更加出色。

公司的上司应该回想自己身为下属的过往,"自己在做下属

的时候都有过哪些烦恼"。

在回忆中找到权威的平衡。

例如,想想自己是新手的时候,面对上司的指示,有没有不知该如何是好、有没有很难开口问问题的时候。

或者,自己作为一个顾客,有没有考虑过如果自己是卖家,没能理解顾客的要求,或者错误理解顾客的要求的情况呢?

如果我们能够做到这样,就会减少很多无谓的沟通,团队整体的生产力会大幅上升,更不会发生无法按时完成任务的情况。

不管自己身处在什么样的立场,尝试着去想象一下对方的立场。从对方的立场出发,在我们事先从对方那里了解到的信息十分有限的情况下,可以率先关注这方面的信息,使自己和对方都重新回到相同的起跑线上。

如果实在没有办法站在对方的立场的话,就使用在前面介绍过的整理对方头脑的方法,向对方提问。

小孩子们不会理解为什么不可以从电梯里跑出来,不可以在电车的连接部位玩耍。因为他们想象不出这些行为会有受伤的可能,受伤了以后会很疼,如果受伤很严重,大人们会很心疼,会造成更多的麻烦。

他们也想象不出在公共场合大声喧哗,会给其他人带来不快。

原则上，在商务领域内，不会猜想对方立场的人，其实就和在电车中跑跳吵闹的孩子们没有区别。

认真地去想象一下对方的立场，了解对方想要的信息，不断发掘并补充相关信息。这样做，对方就一定会充分地理解你所想要介绍和传达的内容。

> **要点** 对于对方立场的想象力可以提高介绍内容的精准度。

组建框架来整理对方的思考

活用组建框架的方法,从整体上定义,对于从对手头脑中整理出有价值的信息是十分有效的。

有个词叫MECE。

该词取Mutually Exclusive Collectively Exhaustive四个单词的首字母,意为相互独立,完全穷尽。

简而言之,就是对于一个重大的议题,能够做到**不重叠、不遗漏**的分类。

这是商业顾问行业里常会使用的构架方法。MECE作为理论支撑,视思考整理为重中之重。最令我们熟知的是3C、4P、5Forces。

3C:是从公司、顾客、竞争对手三个方面进行具体分析。

4P:是从产品(Product)、价格(Price)、流通(Place)、推广(Promotion)4个方面进行商业分析。

5Forces:5种存在的经营环境中的力量。即从卖方、买方、

竞争对手、新品研发壁垒和代替品5种角度进行分析整理。

除此之外，其他框架理论也是不胜枚举，相关书籍也不计其数。

想要了解更多这方面的知识，可以在此领域进行更深入的学习。但本书主要是强调如何利用组建框架的方法来整理对方的头脑。

我们绝对不能否认的是，组建框架的方法并不是万能的。

组建框架，指的是MECE，能够从整体进行定义。如何合理地使用它显得尤为重要。

框架理论不应该局限在理论上，而应该被应用到实践中去，通过实践经验彻底将理论转化为自身的技能，这样才能逐渐提高自己的表述能力。

我们来看一下具体的例子。

假设我们在给客户介绍本公司最新研发出来的商用洗涤剂，用本公司既有产品与竞争对手产品相比较，有哪些优势。

当然我们会给听者介绍商品间的差别和优点，但是这里应该包含各种各样的内容。

如：

◎ 一升容量的单价低；

◎ 使用量少，去污效果强；

用于介绍说明的架构

名称		
3C	4P	5Forces
说明		
公司面临的环境状况用3C分类	市场环境中的重要因素用4P分类	影响经营环境的主要因素用5F分类
Customer（顾客）／Company（公司）／Competitor（竞争对手）	Product（产品） Price（价格） Place（流通） Promotion（推广）	新品研发壁垒／卖方／竞争对手／买方／替代品
举例		
现状	如何提升销售业绩	丰田汽车面对的威胁
顾客： 购买欲下降，喜欢低价商品。 **竞争对手：** 广告投入，积极引入低价商品。 **公司：** 高端产品优势，市场占有率低。	**产品：** 研发生产新功能产品。 **价格：** 调高价格。 **流通：** 开辟新销售渠道。 **推广：** 投入广告。	**竞争对手：** 本田，BMW等。 **卖方：**零部件供应商。 **买方：**代理商、消费者。 **新品研发：** 特斯拉车型。 **替代品：** 出租车、公交车、租用车、VR等。

◎ 小包装，便于收纳；

◎ 纯植物提取，安全放心；

◎ 有防臭防霉效果；

◎ 定期派送服务，省去下单时间；

◎ 定期购买，可享受9.5折优惠；

◎ 试用套餐，可享受半价；

◎ 本品不含香料，适合用于食品相关业务；

◎ 强力去油污和有色污渍。

我们再从4P的观点去分类介绍。

假设客户是餐饮连锁的总部负责人。

【Price：价格】

敝司的新产品在价格方面有很大的优势：每升容量的单价比以往的产品都要低，使用量少，但是可以达到同样的洗涤效果。

【Product：产品】

另外，除了洗涤功能，新产品还新添了去臭防霉的功能，对油渍色素都有很强的去污能力。

产品的成分全部由植物成分提取，不含任何香料，可以在食品上放心大胆的使用，很多食品业务相关的客户都给与了很高的评价。

少量使用即可达到同样的洁净效果，所以产品采用小包装，

更方便收纳和保管。

【Place：流通】

我们为客户推出了定期配送的业务，不需要客户追加下单，省去了很多麻烦。

【Promotion：推广】

定期配送的客户每次可以获得9.5折的代金券。现在针对首次体验的客户，还可以享受半价的优惠。

综上所述，我们希望传达给客户的信息是：价格便宜，产品功能强，定期配送到货，现在购买还可以享受优惠。

像这样使用适当的框架结构来整理信息，会使客户更容易在头脑中形成信息框架，更容易理解我们想要传达的内容。

> **要点** 组建框架，是在对方头脑中形成构造化的内容。

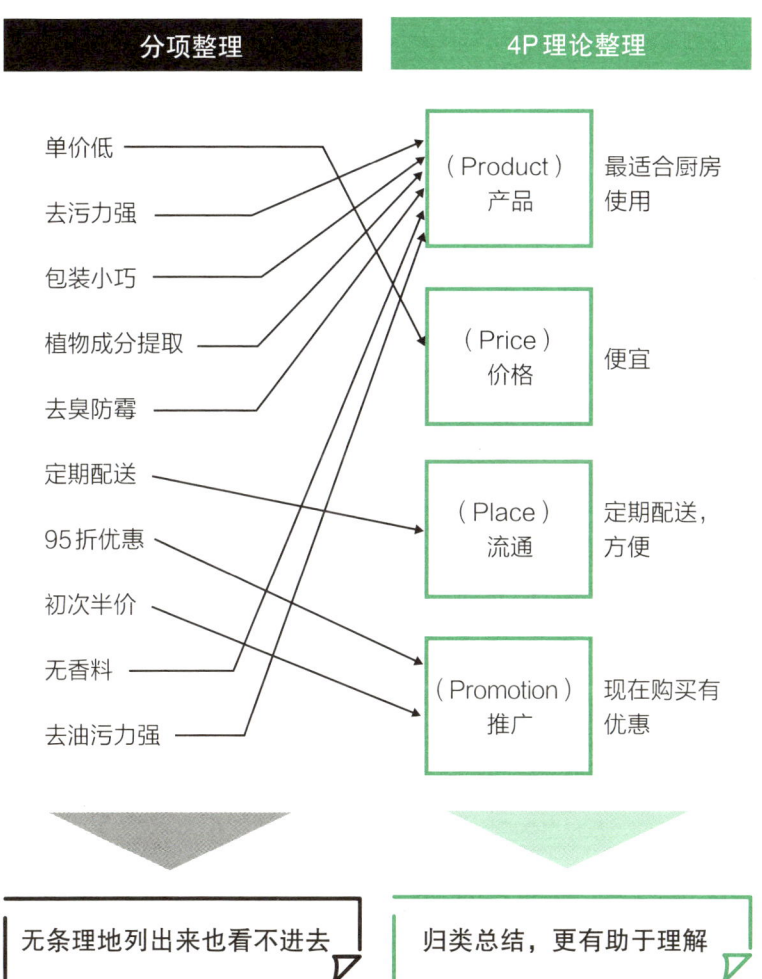

| 记下你的总结和感想吧

第5章 令人印象深刻的表达技巧

让听者产生共鸣，最重要的是什么？

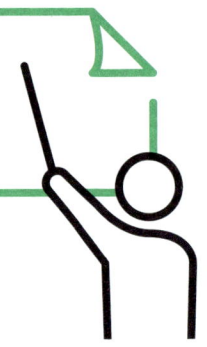

之前介绍的内容是关于表述的顺序。接下来要介绍的是，让听者产生共鸣的技巧。

首先需要介绍的要点是：**我们对想要传达的信息到底掌握到什么程度。**

在介绍说明某个事物的时候，正如前文所述，一定要尽力把对方不知道或者不能理解的事情用最简单的语言表述出来。

这样做的前提是，我们对所传达的信息能够做到充分的了解。如果你是一个销售人员，那么你对专业知识掌握的程度高，被提问的时候能回答出来，就是极为重要的。看似理所应当的事情，其实，有很多人是做不到这一点的。

例如，在分析日本经济的问题点时，即使自己对存在的问题点有自己的看法，但是如果没有掌握当时社会背景的相关知识和信息，恐怕想要完美地表述出来也不是件容易的事。

我们能表述的也只不过是自己掌握的那一部分信息而已。

当然，我们没有必要把我们所掌握的全部信息都传达给听者，我们只要把对方想要了解的信息传达完整即可。

重要的是，表述内容的精准程度与向对方传达信息的手段方式有密切关系。

事先调查很重要

我们经常会遇到，大家都这样认为，但是事实上却并非如此的情况。

这时如果对事实一无所知，就没有办法作出解释。

比如，人们对于牛磺酸的了解并不是很多，最基本的了解也只不过是通过电视广告了解到某某健康饮料当中含有这种营养成分罢了。

在这种状态下去介绍清楚有关牛磺酸的事情，几乎做不到的。

想要作出介绍，首先要有充分的了解才行。

我们都知道池上彰先生一位出色商业顾问，有自己的风格。他的表述通俗易懂，风趣幽默，因为**他对于别人不太了解的事情有自己独特的见解。**

一个好的表述，只有表达方式出彩，终究落了下乘。

除了拥有出色的表达方式之外，对表述事物有充分的了解也是很重要的。

当然,这里并不是要求我们对任何领域的事情都了如指掌。但是对于我们即将要介绍说明的内容,就需要我们事先收集必要的信息。

这就体现出事先调查的重要性了。

这就是经营战略顾问通常从调查、分析开始进入行业命题的原因,只有对现状和事实进行彻底地调查和了解,才能够做出最好的说明和建议。

一个出色的说明介绍,必须注意以下几个方面:

◎ 首先要做好充分地调查;
◎ 对于在研究过程中发现的问题也要追加调查;
◎ 调查一定要彻底明白,不能含糊其辞。

> **要点** 出色的表述,从彻底的调查开始。

巧妙的简化技巧

在第一章中曾经提过"专家的话永远都听不懂"。那么，这一章节我们就来探讨一下这个问题的解决办法。

表述说明的目的是让听者能够理解表述的内容。

这时，如果能够正确定义"听者对于表述内容的理解程度"，那么介绍的内容就不会那样难懂。

我们越是想将内容正确传达给对方，就越会事无巨细地解说。

◎ 如果一家餐厅的店员在给顾客介绍推荐菜品的时候，把每一道菜从食材的产地到烹饪的方法，全部仔仔细细地介绍给顾客，顾客完全记不住不说，反而还会觉得不知道点哪道菜好了。

◎ 如果要把一台新机器或者一个新软件所有的用法都介绍出来，这样的说明书就没有人会去读。

◎ 如果把自己负责的客户信息、交易信息全部一股脑地报告给上司，上司可能会不知道你想要汇报什么。

像这样,过分详细的表述说明,反而不容易理解。

食材的产地固然重要,厨师的手艺也不能忽视。但是与食材从哪里出产相比,顾客更看重的是味道。

新机器或者软件的说明书能够把所有的使用方法和功能都正确地介绍给用户是一件好事,但是不如将最基本的使用方法介绍给用户,让用户能立刻明白如何使用才是最好的。

每一个客户的情况,对于销售人员来说都是非常重要的信息。但是上司要面对多个下属,能对每个下属的客户信息都做到了如指掌显然是不太可能的。

面对这些情况,稍微粗枝大叶一点的处理方法,或许会更加合适。

另外,**理解的大方向也很重要**。

虽说有必要让对方理解一些详细数据和状况,但是在最初的时候,想要对方能够100%准确地理解表述的内容,就需要附加很多周边信息和前提,这样会让表述变得复杂冗长。

因此,我们首先要做的是,将概要传达给对方。

例如,在指路时,首先要指示清楚是东还是西即可,之后再按照更详细的方向来指示,比如再向西北方向前行500米等。

再举几个具体的例子。

◎ 在告知优惠3%还是5%之前,应该先说出"这比原来的**价格要便宜**"的信息。

◎ A分店目标完成度95%，B分店目标完成度102%，C分店目标完成度108%……在这样一一详细报告之前，可以用全体印象来说明情况，先说15个分店之中，有13个分店完成了目标。（或者想要表述未完成目标的分店时，可以说有两家分店没能完成目标额。）

◎ 我们在说明"首先，由现场负责人来确认，再由同事人员确认，然后由组长确认，再上报给系长签字，最后是课长签字"之前，先说"实行从现场负责人到管理层五重确认体制"。

另外，再以餐厅为例。

先告诉顾客"鱼的料理有三种，肉类的有两种"，然后再说"鱼的料理分为鲈鱼和鲷鱼，鲈鱼有两种做法。肉类的菜肴有牛肉和鹿肉"。像这样按照分类顺序详细说明，顾客头脑里的脉络就会很清晰，很容易理解。

综上所述，说明的顺序，先从整体出发，说明梗概，再按照详细内容一一说明，这样的说明才会既清楚又明白。

> **要点** 清楚对方需要理解的程度，从梗概开始表述。

在适应的"粒度范围"内，表述内容更容易被理解

在表述时，利用事物的"尺寸感·范围"，会有助于对方理解表述的内容。

我们把它称之为"层次感"或者"粒度范围"。

例如，车、摩托车、自行车作为交通工具来分类，它们都在一个粒度范围内。如果这里面再加上公交车和出租车，那么这个"粒度范围"就不太合适了。

也就是说，包含关系的事物并列在一起就会产生不和谐的感觉。

请回忆一下"MECE"的概念。

如果同一层次的事物并列在一起，出现了重复的项目，那么这个"粒度范围"就是不成立的。如，"午饭准备吃什么？日餐？中餐？披萨？拉面？还是寿司？"。

从"粒度范围"的观点来看，这样的分类是很混乱的。整理出来就应该是下面这个样子：

日餐中包括日式套餐、寿司；
西餐中包括意大利餐、法国餐；
中餐中包括中国菜、拉面。

拉面属不属于中餐暂且不提，强调"粒度范围"的意识很关键。

再举一个商业中的例子。

假设现在需要提交一份各门店销售业绩年终总结报告。

"各门店销售总和，比去年增加了20%，达到了119%，超过了年终110%增长的预期目标。

"其中，新进门店的销售增幅占整体的11%，旧门店增幅达到了108%，也超过了105%的预期目标。

"新进8家门店以开业三个月为参考基准，以年末销售业绩提升5%为目标，其中6家门店完成目标，未完成目标的A门店和B门店各自说明了情况和原因，正在研讨来年的改善计划。

"73家旧门店当中，销售业绩上涨的有65家，另外7家业绩均下滑。业绩上涨的门店中，增幅超过120%的门店有6家，110%~120%的门店有16家，105%~110%的门店31家，100%~105%的门店12家。销售业绩大幅增长的门店，都有成长的共同点，我们分析可能是……营业额增长不顺利或营业额下降的店……"

以上的报告用"粒度范围"的观点加以整理后,就可以了解到下面的内容:

> ◎ 整体:门店总数。
> ◎ 门店区分:新门店和旧门店。
> ◎ 新门店的具体情况:"达成销售目标(6家门店)"和"未达成销售目标(2家门店)"。
> ◎ 未达成目标的门店:A门店和B门店。
> ◎ 旧门店的具体情况:"销售业绩上涨的门店(65家)"和"销售业绩下滑的门店(7家)"。
> ◎ 销售业绩上涨门店的具体情况:120%以上(6家门店)、110%以上(16家门店)、105%以上(31家门店)、100%以上(12家门店)。
> ◎ 旧门店的具体情况:销售业绩大幅增加的门店、销售业绩增幅不大、销售业绩下滑的门店。

这个例子的关键点在于,通过宏观的报告,一点点渗透到各个细节当中。**一边拆分出相同层次的"粒度",一边进行对比。**

这样由大到小,分层次的"粒度范围",可以使对方很容易在头脑中形成框架,充分理解内容。

正确判断"粒度范围"的方法

在正确判断"粒度范围"的方法中，最受推荐的方法就是使用"逻辑树状图"。

商业顾问一般很注重事物的构造化，其中最具代表性的是"逻辑树状图"。

我们在准备要去某个地方时，可以选择出租车、电车、飞机、步行、骑自行车等很多方式。商业顾问在看到这些选项时，往往会将其分成两大类：

◎ 路线固定的交通工具（公共交通工具）＝飞机、电车

◎ 路线比较自由且可以自由选择目的地的方法＝自行车、出租车、步行

这样分类之后就会发现，除了电车，还可以乘坐公共汽车。想要比较自由的路线，还可以考虑自己开车，或者租汽车。

再进一步分类，自由出行的情况下，是否需要自己驾驶汽车，与路线比较固定的方法相比，自由度较高的同时，便利性（汽车的预约手续，行驶的路线等）是否合适等。

按照这样整理出来的"逻辑树状图"，就会根据"粒度范围"的大小，依照顺序来进行表述说明，对方很容易把握一个整体的结构，并加深对表述内容的理解。

可以说，4P、3C等这类的框架构成要素，就是按照"粒度范围"的要求来划分的。对于"层次感"和"粒度范围"的判断不太擅长的人，可以先从框架结构的思维入手，逐步训练。

> **要点** 判断"粒度范围"时，先判断是否存在重叠的点。

逻辑树状图

把出租车、电车、步行、自行车、飞机作为选项。

1. 首先，整理逻辑树。

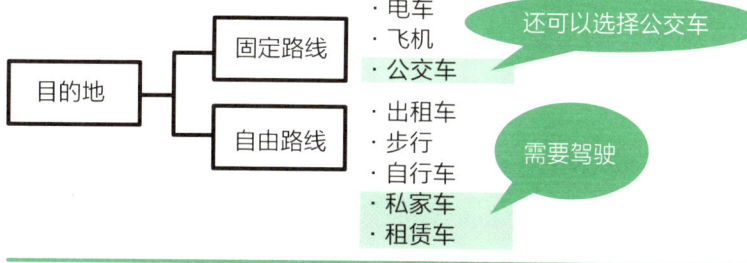

还可以按照陆上交通、空中交通来区分，这样就会发现，还可以增加一个海上交通的选项。

2. 接下来就深入分析每个层次的内容。

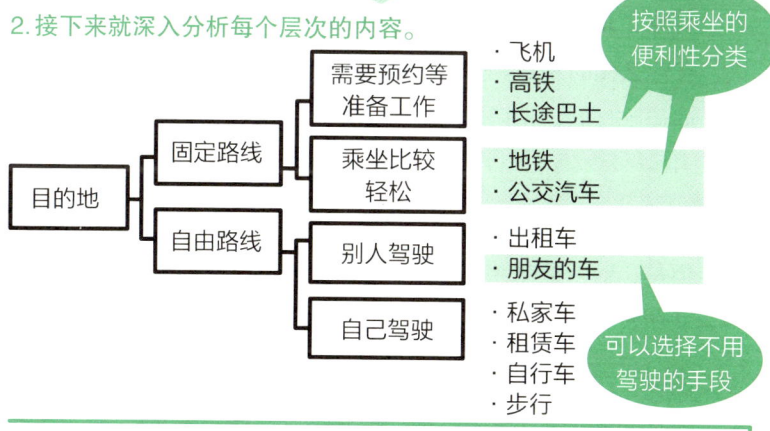

按照从左至右的顺序来表达，听者会在头脑中把听到的内容整理出来。

使用邮件沟通时，需要注意"条件分歧"

面对面交谈时，可以当场提问或者确认。但如果是邮件这种单向沟通手段，就需要注意"条件分歧"。

邮件是由收件人来读取，写好的邮件内容也不会自行改变，即使收件人读邮件觉得哪里不太对劲，也没有办法反问发件人。

像这样以邮件形式的说明就需要花上更多的心思了。

首先，最根本的就在于想象出收件人读取邮件时在思考什么、有什么样的感觉。

使用邮件时，可以参考第二章介绍的表达顺序：收集前提内容、表达结论、补充理由和经过。好在邮件有足够的时间去整理和书写。

但是，对方的想法会影响到整个对话的流程。

希望对方有所行动时，对方的判断会使情况复杂化。

这时，写邮件就需要有条件分歧的意识。

条件分歧要写清楚："A的情况下就是X，B的情况下就是Y。"

例如，安排下属去预约餐厅招待客户：

◎ 后天晚上，公司2人，客户2人，一共4人就餐。
◎ 每人5000元预算，日料，包间。尽量避免榻榻米房间。
◎ 打电话给惠比寿的那家店，预定一下最里面的包间。如果没有，挨着他前面的半间也可以。点一份生鱼片的大拼盘。
◎ 如果那家店不行，就去广尾的另外一家。想要两个包间中较大的那个。
◎ 都预定不到的情况下，就按照上面的标准找其他的地方。
◎ 明天早上需要跟客户取得联系，今天之内把预约搞定，结果用邮件告诉我。

这种情况下，寻找第三家店的指示就成了条件分歧（虽然是分项列出的，但其实还是以文章的形式表达出来）。

另外，再举一个工作中常常遇到的例子：今天的工作内容是完成A和B两项任务。但在刚才，老同事又丢给我一个任务C。

用任务C去替换A还是B？

任务C和剩下的一件任务（A或者B）哪一个应该优先处理？

这些问题能否用文字来表述清楚，传达给对方，这考验你的表述能力。

如果不重视"条件分歧"，只顾自己单方面的叙述，那么表述上的一丁点歧义就会给对方造成严重的理解障碍。那样的话，

就不得不反复地通过邮件来沟通，降低了工作效率。

有效地将信息传达给对方，写好条件分歧是必不可少的。

条件分歧的思考方法，面对面交谈也奏效。

事先整理出在什么条件下会产生什么样的分歧，然后再考虑用什么样的流程来表述，这就是表述的一种模型。

表达出色的人，总是事先考虑好符合逻辑的条件分歧。

一开始尽可能地将所有分歧全部考虑到，再从中分析出哪种分歧是最适合的。

> **要点** 想象对方头脑中的内容，模拟出表述流程。

条件分歧

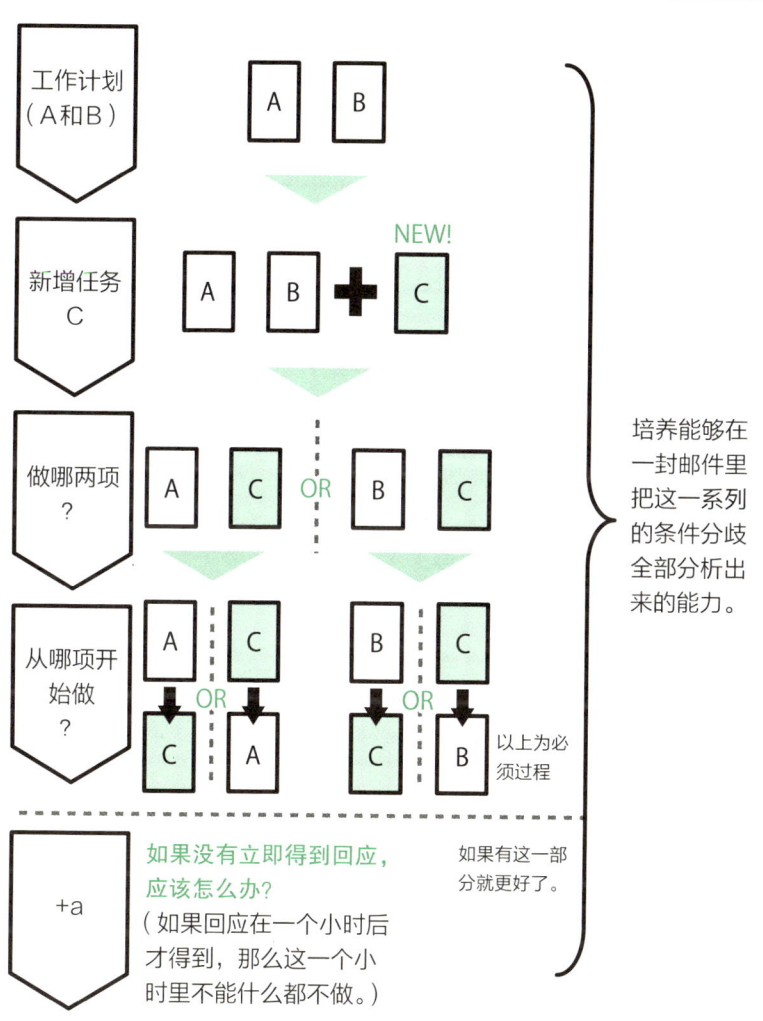

比喻力，掌握比喻的技巧

"总之，就是像××一样。"在会话中，我们经常会遇到这样的表达。"像××一样"的比喻表现，就是类推。

简而言之就是比喻力。

在向对方解释说明一件对方不知道或者不能理解的事物时，比喻力是非常强有力的武器。

对方在不了解A的情况下，举出一个对方比较熟悉的B的例子，这样对方就很容易理解A的内容，说明内容也表达到位。

重要的是，要以A事物和B事物的相似点为轴，把A比喻成B。我们围绕这个要点，来解释一下什么是做出优秀类推的关键。

活用类推手法有3点原则：

原则1：用对方熟知的事物比喻；
原则2：本质上相似的地方；
原则3：存在意外性。

我们来逐一地解释。

原则1：**用对方熟知的事物比喻**

"A就像B一样"的句子有一个大前提：听者一定要对事物B有一定程度的了解。

也就是说，一个好的类比句，需要用听者能够想象出来的事物，也就是一般性的事物作比喻，或者用与听者的专业领域、知识范畴、兴趣范畴相近的事物作比喻。

例如，老式的黑白电视机，有一定年龄的人们都会有非常深刻的印象，但是年龄偏小的人可能只是听说过却没有真正见过。

不了解黑白电视机的年轻人面对"就像老式的黑白电视机一样"的比喻会一头雾水，需要向他们解释什么是黑白电视机。如果拿对方不知道的事物作比喻，那么这个比喻是不成立的。

一定要用对方熟知的事物来做比喻。

原则2：**本质上相似的地方**

毋庸置疑，用相似的地方作比喻。

有一点很重要：说明内容中最本质的部分是相似的。

例如，"漫画书就像教科书一样"，这样说，大概是想表达"两者的内容都很精彩""可以学到很多东西"。但是这样比喻，

很多人就会质疑:"真的有相似的地方吗?"

排除两者同属于"书"的相似点,其不同点就显现出来了:

◎ 图画为主VS文字为主
◎ 有趣VS无趣
◎ 商业性·市场性VS非商业性·强制阅读

如果说"漫画书就像人生的教科书一样",学校里的教科书中不能教导我们生活中的一些知识和经验,通过漫画书来补充了解。从这一观点来看,也许就是一个成功的比喻了。

再来看看这个比喻:PPT的幻灯片就像漫画书一样。

◎ 可以一页一页地翻看;
◎ 图画、表格等视觉效果加深理解;
◎ 要有故事情节的构成,否则很容易枯燥无味。

有了本质部分的相似之处,对方就算不知道PPT是什么,也会在头脑里呈现出一个具体的印象。这是一个比较恰当的类比。

原则3:存在意外性

即使拿原本有很多类似部分的事物来作比喻,理解起来也未必容易。"适当的距离"很重要。

例如,"便利店是像自动售货机一样的东西。"两者都可以自由购买很多商品，具有提供生活便利的共同特征。然平心而论，这个比喻十分牵强。（当然，如果该类比句指的是，便利店库存管理难等特征与自动售货机一样的话，那么这也许是一个好的类比句。）

再看一个例子："便利店就像美式橄榄球一样。"这样的比喻就会让人疑惑不已。

这两者之间一个是便利店，一个是运动项目，其可比性存在意外性。

或许这是一个牵强的比喻，但是可以用原则2来解释这个句子：

美式橄榄球把具有各自方面特长的队员们集合在一起，组成球队进行比赛。便利店从医药、化妆品、食品、烟酒、各种面额的金券等具备不同"特征·特长"的商品中，挑选出优秀和人气旺的商品，体现了店铺的价值。

这个例子只有对方是美式橄榄球迷的情况下才符合原则1。

"美式橄榄球就是像便利店一样的东西。"才符合原则1，是一个高明的类比句。

没有一种类比可以把事物的每个方面都清楚地表达出来。

如果有，那这两种事物只能是同一种事物。

类比的手法并不是用来说明似是而非的事物，而是用来说明

有相似之处的不同事物。所以有差异是正常的。

因此，针对自己想要表达的内容，选择合适的类比手法就是要点所在。

意识到这一点，如果能够高明地运用比喻来进行表述说明，对方的理解程度就会完全不同了。

要点	要用本质上相似、对方所熟知的事物比喻。

| 记下你的总结和感想吧

| 记下你的总结和感想吧

第6章

锻炼表述力的思考习惯和练习

锻炼并养成思考习惯，表述力自然而然得到提高

本章重点解说如何通过训练提高表述力的技巧。

当我思考僵化时，会去尝试一种"色彩浴（color bathing）"的办法。

"色彩浴"意为，如泡澡一般沉浸在颜色里。在这里指的是，指定一种颜色，然后在周围的环境中查找该颜色的行为。

实际上，如果我们想要找出"红色"，那么大街上就会有很多红色的事物进入我们的视线里。但是如果我们想要找出"黄色"，即使在同一个环境中，那么也有很多黄色的事物进入我们的视线。这多么令人吃惊。

因此我们就知道自己的视野是何其狭窄。

试着找一下"进口汽车""宠物狗""自动售货机""有人物照片的广告牌"等，我们会发现，我们对这个世界的观察方法随着事物的变化而变化。（工作日的中午，竟然有许多人牵着狗在东京正中央的办公街上散步。）

只要用不同的角度去观察，日复一日的世界就是一个学习的宝库。我们应该时刻放在心上的是，日常生活中，不断努力，做到不要放走每一个"成为表达高手的机会"。

技能提高没有捷径可言，只有每天不断地刻意训练。

因为罗马不是一天建成的。

> **要点** **做好日常的思考训练。**

传达内容的要素分解①：单词分解

要从构造上了解一项事物，需要对事物的要素进行分解。细分事物要素，找出其中的共同点，提炼出事物的本质，从而对事物进行构造化的分析。

因此，我们需要学习如何去分解事物要素。

说到"分解"，我们最初想到的一定是"逻辑树状图""观点树状图"，这是构成基础树干的思考方式。

这些树状图有很多书籍都做了详细的介绍，可供参考。

比如，芭芭拉·明托（Barbara Minto）先生所著《金字塔原理》和齐藤嘉则先生所著《问题解决专家》等。

这里不多赘述，就简单地介绍要素分解。

将文章分解成单词

文章分解成单词，是最具有广泛性的一种分解。

例如，我们在思考问题的解决方法时，在确认"这个方法到底能不能解决这个问题"时，最合适使用的是文章分解的办法。

再来看一个实际的例子。在讨论业务改善时，有人提出了问题所在和解决办法：

问题：没有及时共享输出图像，施工后出现偏差，需要重新返工。

解决办法：接到委托后，迅速把输出图像返回给对方。

我们试着分解这段解决办法的文章："接到委托后""输出图像""迅速""传回"。

分解后重组如下：

"接到委托后""传回"
"效果图""传回"
"迅速""传回"

试着解读重组之后的内容，不禁深感疑惑：

"接到委托后""传回"：把"接到委托后"作为前提，真的可以吗？

"效果图""传回"：效果图是什么？真的了解了吗？

"迅速""传回"：速度真的很重要吗？

这种情况下,速度并不重要。这里寻求的是自发性行动,所以"传回"在这里表达的就不是很贴切了。

经过一系列的分析,解决方案应该是这样的:

解决方法第一步:开工前,将"目标、假说、当前所了解的现状、当前必要的补充调查项目,关联信息和补充的信息"合订成一览表;

解决方法第二步:以上补充信息调查完成后,重新审视是否需要保留假说,设计框架。

"将文章分解成单词"的过程,实际上就是斟酌语言的过程。

语言文字,原本就是古人将抽象化的东西用形象化的方法表达出来的,准确的语言表达是沟通的最基本要求,这部分的锻炼对思考能力、表述力的提高有密切的关联。

在接受工作指示,或者做出工作指示的时候,<u>不妨就用单词分解法,来分析一下工作内容的本质到底是什么。</u>

 单词分解法,是一个磨炼表述力的好方法。

单词分解

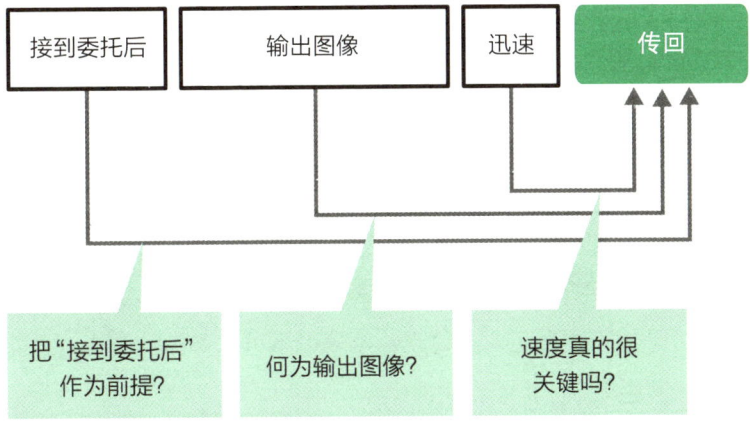

> 与词语进行认真地切磋,才能练就出准确表达的能力。

传达内容的要素分解②：流程分解

接下来谈谈"事项进行流程分解"。

我们来尝试做个简单的题目。

如果让你去策划一个公司员工参加的圣诞晚会，你会怎么做呢？

首先，使用之前介绍过的"单词分解法"。大概是"公司员工""圣诞晚会""策划"这样吧。（此处对公司员工的定义不是很明确，是指正式员工？临时工？家属可不可以参加？这些信息需要进一步去明确。）

这样，事项就已经明确了。

那么，圣诞节晚会策划该怎么做呢？我们按照时间发生顺序来分解流程。

圣诞晚会策划的流程分解

做过策划的人有经验，按照时间顺序，把"圣诞晚会策划"的流程分解开来。如下所示：

通知·统计人数→签到→干杯→领导讲话→交谈·就餐→游戏活动→结束→清场→结算

策划者可能还会对晚会结束后的清场环节发几句牢骚。这些先按下不表，仅从上面的流程看，就可以看出每个流程分担的任务所在了：

◎ 通知·统计人数→需要通知到每一位参加人员；

◎ 签到→需要安排现场工作人员；

◎ 干杯→需要酒水，安排好领导祝酒；

◎ 领导讲话→安排好领导祝酒；

◎ 交谈·就餐→安排菜肴，桌椅数量位置等；

◎ 游戏活动→活动道具、场地设备的安排和摆放；

◎ 晚会结束→安排时间（需要与会场工作人员商讨）；

◎ 清场→需要安排现场工作人员；

◎ 结算→需要确认人数，研究预算（包括是否需要交纳会费）。

像这样整体流程的细分化,不但可以清晰地看出每个环节的主要任务是什么,还可以从任务的构成角度来重新认识了什么是晚会的策划。

【策划工作的流程分解】

还有另一种方法,可以将整个策划案按照时间顺序来剖析。

参加人数和费用预算→场地安排→通知与会人员→晚会现场活动安排和道具准备→确定场地→确认参加人数→当日签到→正式举行→费用结算→确认下次活动事项

利用这种方法来分解流程,与之前的分解得到的任务内容大致相同。

以策划晚会为例,只要是使用看来比较清晰的方法来做流程分解,就没有问题,但是最好是掌握两种方法。

也就是说,在对业务内容比较熟悉的情况下,后者所谓的"策划流程的分解"方法比较高效。但是如果是第一次参与内容的策划,对业务内容不是很了解的情况下,就需要从事项流程开始进行分解了。

生活当中,很多"委托项目"都带着"结果印象"。

就连委托者本人都对流程没有过多的关注(可能是手头比较忙,也可能是对流程的思考不足)。

处理这种委托项目时,使用这种"阶段式分解"的方法,就

可以明确哪些事情必须做，哪些事情可以不做，可以给委托人提供适当的报告和共享信息。

无论从哪里，接到什么样的任务，首先要做到"要素分析"。

也就是要彻底"对委托项目进行详细地拆分和深刻理解"。

> **要点** 再复杂的工程或者情况，利用流程分解的方法，也会变得轻而易举。

流程分解圣诞晚会负责人

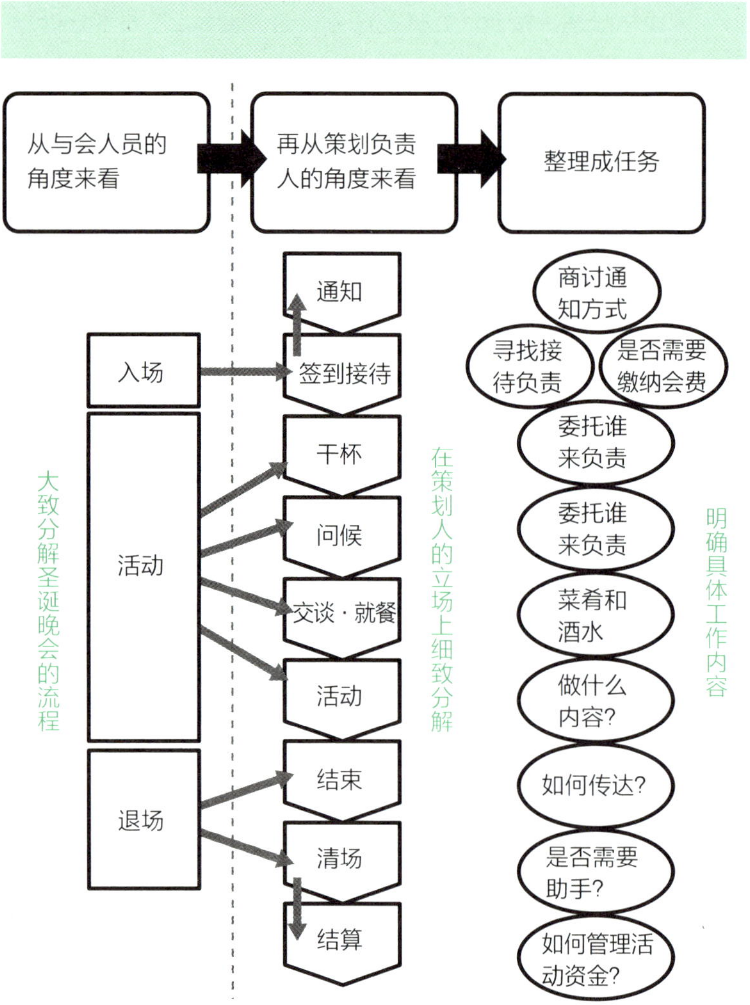

| 从与会人员的角度来看 | → | 再从策划负责人的角度来看 | → | 整理成任务 |

大致分解圣诞晚会的流程：
- 入场
- 活动
- 退场

在策划人的立场上细致分解：
- 通知
- 签到接待
- 干杯
- 问候
- 交谈・就餐
- 活动
- 结束
- 清场
- 结算

明确具体工作内容：
- 商讨通知方式
- 寻找接待负责
- 是否需要缴纳会费
- 委托谁来负责
- 委托谁来负责
- 菜肴和酒水
- 做什么内容？
- 如何传达？
- 是否需要助手？
- 如何管理活动资金？

确定优先顺序所需的"舍弃技巧"的训练方法

有句话是这样说的:"战略性舍弃"。

这句话的意思是,决定出一定要做和可以不做的事情,把主要精力集中在重要的事情上。

"舍弃"就是最关键的一步。

我来介绍一下如何"舍弃"的方法。

"抑制住想要言无不尽的心情"是基本的思路,这一点十分重要。

假设我们正在向朋友介绍一家自己非常喜欢的餐厅,通常,我们要介绍这家餐厅的特点时,会有以下信息:

◎ 餐厅提供法国、意大利、西班牙等欧洲国家的料理;

◎ 之前一直在惠比寿,几年前搬到了新宿,店名也改了;

◎ 店内提供许多与红酒很搭的料理;

◎ 红酒的味道好且价格合理;

◎ 店里采用天然农家的时令蔬菜;

◎ 很多时候会使用鹿肉、野猪肉、兔肉等野生肉类；

◎ 定期举行红酒会，在红酒爱好者中有名气；

◎ 社交平台上传过一位名人在这家店庆祝自己的生日的照片；

◎ 人均消费在5000日元到6000日元之间。

那么，要从这份列表中选出唯一一个最想介绍给对方的信息，你会选择哪一条呢？

是欧洲国家的料理？

还是天然农家时令蔬菜？

或者是名人在店里庆祝过生日？

这里的关键点在于"舍弃"。

一定要控制住言无不尽的心情，只选择一条最合适的信息传达出去。

选择哪条并没有正确答案。

不过，首先应该考虑的是，你想把这家店介绍给谁。

例如：

◎ 只是想和朋友一起去吃个饭；

◎ 向朋友介绍特别适合约会的地点；

◎ 同事聚会，把这个餐厅作为考虑的场所之一。

根据这些不同情况，我们介绍的优先顺序就会各不相同。

假如只是想和朋友一起去吃个饭，我就会介绍，这家店的红酒味道好而价格合理。如果可以再加上一选项的话，我会说，这家餐厅菜肴的口味和红酒很配。如果只能说一个理由，那就是这家餐厅的红酒物美价廉。

这和一起去吃饭的朋友是否喜欢红酒有很大关系。如果对方不喜欢喝红酒，那就不推荐这家餐厅了，而是推荐其他更合适的餐厅。

因此，首先要介绍的是这家餐厅的红酒。

向朋友推荐适合约会的场所时，同样也要考虑到红酒。因为自己并不会一同出席，所以介绍这家餐厅的哪几道菜做得好也未尝不可。

我们可以把"野味料理"或者"时令蔬菜"等信息置于第二位做推荐。

但如果只能说一点的话，恐怕还是红酒吧。

同事聚会时，预算可能是最关键的问题。需要花多少钱是大家都关心的问题。太便宜的地方，显得太过寒酸，所以预算问题，是绝对不可以忽视的。

如果能够事先确认"人均在5000日元到6000日元之间"的话，和其他情况一样，接下来也可以介绍红酒了。

我们再来做一些表达内容高度凝结的练习。

◎ 最近看的电影；

◎ 新上市的塑料瓶装饮料；

◎ 喜欢的游戏；

◎ 漫画主人公；

◎ 当前工作的内容。

可以列举出很多题目。平日里我们可以自问一下，如果只能选出一点，我们会如何选择呢？这就是信息舍弃训练。

这里反复地强调只能说明一个信息，但在现实生活中，几乎不会有这样的限制。不过我们经常做压缩语言的训练，绝不是无用之功。

常做压缩语言的训练，可以提高表述力和思考能力。

数字"3"的练习

商业顾问们十分喜欢"3"这个数字,前面详细介绍过,"3"是平衡性非常好的数字。

在举例时,如果只举出两个例子,很难让人像对普通事物一样想象出来,总觉得再来一个例子可能会更好。与偶数相比,奇数更能让人产生"中心意识",奇数排列列举出来更易于总结。

前文刚刚介绍的,尽可能把内容压缩到一个项目中。这回我们尝试一下凑齐"3"这个数字,也就是我们所说的练习使用数字"3"。

列举3项具体事例

首先,做一下列举事例的练习。

这里我们试着例举3个会议失败的例子。

1.主题、目的不明确;

2.与会人员理解能力参差不齐。

最后举一个什么例子好呢?

前两项一个是会议最终要达到的目标,一个是会议开始之初参与人员的理解程度。这种情况下,如果加上一个会议过程中出现的问题,就会感觉到平衡了。

3.议题讨论顺序不恰当,或者会议流程进行不顺利,结论总结不出来。

这样就举出3个事例了。

列举3个条件

接着,例举3个优越的工作环境的条件。

1.办公室的工作氛围好;
2.职位分工明确;
3.同事之间积极互助;
4.不磨洋工,积极主动完成工作,可以早下班。

这里举出了4个例子。我们试试把4个事例合并成3个,具体怎样合并?我们得先理解这几个事例之间的关系。

首先,职位分工明确(2)似乎和积极主动完成工作、早下班

（4）有一定关系。

另一方面，职位分工明确（2）又好像和同事之间积极互助（3）有矛盾。

也就是说，例举的两个事例中发生了冲突；再者，办公室的工作氛围（1）和同事之间积极互助（3）也是分不开的。了解到这些，我们再来重新整理一下。

1. 工作氛围轻松，同事间沟通顺畅；
2. 职责范围明确，个人分担业务范围很容易划分；
3. 有能力的同事会帮助其他人，提高整体的工作效率。

当然，列举2个例子也好，4个例子也好，对于实际需要都不会产生影响。但是，"能够随心所欲地掌控举例要素的技能"，是提高表述力的一个重要环节。一定要注意在这个方面的训练。

> **要点** 时常找出"3"。

把握"层次感（粒度范围）"的练习

现在，我们来练习如何把握事物的层次感。我在做商业顾问的时候，最头疼的就是"层次感"。

实际上，越是抽象的事物，整理起来的难度就越大，所以我建议在做把握层次感练习时，还是从具体的事例开始。

最典型的事例就是酒馆的菜单。我们来看一下这份酒馆的菜单。

【酒馆菜单（例）】

生鱼片：拼盘（大、小）、炙烤青花鱼、金枪鱼、比目鱼、竹荚鱼

小菜：冷奴（日本一种凉拌豆腐）、毛豆、芥末章鱼、水晶梅子

沙拉：绿蔬沙拉、凯撒沙拉、鲜鱼沙拉

油炸类：油炸牛肉饼、炸猪排、炸鱿鱼、炸鸡块、炸豆腐

烧烤类：烤多线鱼、烤多春鱼、烤蛤蜊、煎鸡蛋卷

鸡肉料理：胡椒土鸡肉、蒜香土鸡肉、半熟烤鸡肉、治部煮（一种鸡肉的浇汁料理）

串烧类：串烧拼盘、鸡腿肉串、烤肝串、丸子串、鸡胸肉串、里脊串、小番茄串

米饭类：鸡蛋饭、烤饭团、烤乌冬面、海鲜炒面、腌菜拼盘

甜品：自制布丁、香草冰激凌、黄豆饼

大多数的酒馆都是按照这个模式来分类的，也就是说，按照菜肴类别来分类。

我们一边看着这个菜单，一边来思考下面的问题。

考虑分类定义

大多数情况下，菜单的分类都不是按照MECE的要求来做的。这时首先要考虑的是，这有没有不对劲的地方？

◎ "小菜"是什么？点菜了之后立刻就会上菜的菜品；

◎ "烧烤类""鸡肉料理""串烧类"有什么不同？烧烤类包括了铁网烧烤和铁板烧烤，串烧类是指串成串烧烤的菜肴，鸡肉料理顾名思义就是以鸡肉为主要食材原料的料理；

◎ "米饭类"是什么？喝完酒之后吃的碳水化合物。

寻找不合理的点

想必大家有所察觉,上述分类有几个不合理地方。

◎ 炸鸡块和鸡腿肉串就不算鸡肉料理了吗?
◎ 鲜鱼沙拉不算生鱼片的一种吗?
◎ 米饭类,除了大米以外,其他的食材都不行吗?
◎ 腌菜拼盘,从上菜速度来看,放在"小菜"里面不是也可以吗?

增加菜单

我们再来增加几道菜肴:鲜鱼薄荷包片、马肉刺身、酒香蛤蜊、碗糕。

◎ 鲜鱼薄荷包片虽然不算是生鱼片,但是如果按照鲜鱼来分类,就包括在内了;
◎ 马肉刺身,虽然也叫做刺身,但是也不能跟鱼肉归为一类;
◎ 酒香蛤蜊、碗糕,两者都很难分类。

整理论点

这样看来,之前感觉到不合适的理由就逐渐清晰了。

◎ 食材(鸡肉料理、米饭类)
◎ 烹饪方法(生鱼片、油炸、烧烤、串烧)
◎ 上菜时间(小菜是最先上来,米饭类是最后)

若干个分类混杂在一起,就会重叠起来。

再者,这里面的分类不全面,有遗漏。例如,酒香蛤蜊和碗糕,既不是油炸类,也不是烧烤类,也不能立刻上菜。这样的菜肴很难给定义在哪个分类里。

当然,菜单表即使不是按照 MECE 分类,顾客也不会因此而困惑。但是,分类如果能够按照时间顺序来进行整理,或许会更好一些。

这样就成了"小菜""前菜""本店推荐""主菜""米饭类""甜品"。

"本店推荐"也可以换成"副菜","米饭类"也可以换成"主食"。

另外,如果"副菜"的种类过多,也可以按照"油炸""蒸煮""串烧"等方式来分类。

同理,"前菜"中的"沙拉"也可以作为次分类(前菜里也可以加上别的菜肴)。

如果按照上菜的时间来分类的话,米饭、酱汤和腌菜拼盘也可以划分到同一个类别了。

这种分类,就是利用了在前面解释过的"流程分解"方法。想象一下酒馆的场景,顾客从进店到付钱离开,通过流程分解的方法,合理地做好分解,体现了MECE的理论,也让层次感更加清晰了。

> **要点** 从日常生活开始,提高层次感的意识。

总结的练习

所谓概要,就是要点的概括和总结。

正如字面意思,把多余的信息扔掉,只保留重要的、有用的部分。

关于压缩信息的练习和要素数量的增减练习,已经在前文做过讲解。

在这里结合之前所学,再进一步加深理解,做一下总结信息概要练习。

我推荐的训练方法是:厚重的商业书的内容概要,可以拆分成每个章节来总结。

例如,迈克尔·波特先生所著的《竞争战略》、杰恩·尼巴先生的《企业战略论》、菲利普·科特勒先生的《营销管理》。大家试着概括总结这样厚的商业书籍吧。

这样的练习无论从难易度还是理论上,都有很高的门槛。但是对商业人士基础能力的提高有很大的帮助,所以我还是比较推崇这个方法。

经过数次的训练之后,概括总结的能力在速度和质量上都会有很大的提高。

一定要把概括总结的内容给别人看，接受别人的评价。

我们可以将自己的总结内容发布到社交媒体上，让更多的人看到，收集各式各样的反馈。

即使没得到反馈，以让大家看到的心态写总结，这本身也是对提高概括总结能力的一种锻炼。

如果不是在社交媒体上发布，如只是专程给某人看，最好是上司、前辈，或者商业经验非常丰富的人。

这些人会根据自己丰富的经验，判断你的概括内容是否有效地传达了必要的信息，这样做可以提高概要的质量。

如果你有机会参加某些会议，你可以主动申请做会议记录。

即使没有人负责记录，也可以自发整理会议记录，让其他人来阅读，评价你的会议记录。

这样**不仅仅是为了提高工作能力，也是积极主动工作的一个表现**。再者，会议记录也可以提高团队整体的工作效率，可谓一石三鸟。

但是，日常能够做到这些的人寥寥无几，也就是说，大部分人还不太懂得如何去概括总结。

如果你能够掌握这个技能，你的工作水平和级别就会一下子得到提升。这个方法不妨一试。

  概括总结一本商业书籍，接受别人的评价。

捕捉关键词的练习

进一步强化总结概要的能力,需要掌握捕捉关键词(语言结晶化)的技巧。

简单地说,就是找到最能表达出传达内容的关键词。

问题关键在于,单单靠几个词语就能完整地表达出想要传达的内容吗?这就需要我们筛选出能完成表达传达内容的关键词。

前面的内容里,举了"温泉旅行"的例子,"周末去旅行了"这样的表达不够充分,用"和女友去箱根旅行"或者"特快电车上的啤酒"这种伴随着具体描述性的表达会更加贴切。

这就是关键点。

捕捉关键词时,尽可能避免抽象的表述,需要保留具体性的描述。但是,如果刻意保留具体性描述而增加字数的话,这样也不好,这里就需要**"概念化"**了。

假设我们在给公司的新员工提建议:

"改正邮件上的错字漏字。"

"在客户面前不要松领带。"

"要大声打招呼。"

这三项建议非常具体,比较认真的员工就会照做,避免错字漏字,客户面前不松领带,打招呼的时候声音洪亮。

但是,这样一来,诸如"不要迟到""交换名片时候,一定要先接受对方的名片"这类的提醒,就会层出不穷。

这样只会不停地增加建议内容。此时,很多人就会采用抽象的表达方式:

"去掌握公司职员的基本常识吧。"

这样的建议,当然会使新员工意识到,需要掌握公司职员的基本常识。但是,新员工却又不太清楚"社会人基本常识"是什么,也就不采取具体行动了。最后只能一件一件具体地提出建议和指导。

这时候就需要"概念化"登场了。例如,如果是我,我会这样说:

"请以专业的态度来面对工作!"

"具有专业态度的社会人"就是我想表达的"概念"。

也就是说,以具有专业态度的社会人为榜样,做他可能会去做的事,避免他不会去做的事。

当然,"专业"的定义,因人而异。

但是,某个行为以是否具有专业素质作为基准来衡量,就形成了行为规范。

稍不注意,名片的交换顺序可能会出现错误。但是,邮件上的错别字、碰面迟到这样的错误,任谁看都是"愚蠢的错误"。

如此升华到概念化上,最想表达的内容便不言而喻了。

像这样将最想表达的内容用最贴切的关键词来表述(这里指的是"专业态度"),就如同给它们起"外号"。

曾经有一位十分擅长给艺人起"外号"的搞笑艺人。他所做的其实就是挑选"关键词"。

例如,有人在问:"山田是谁?"没有人会把出生日期、出生地等具体信息回答出来吧。

一般人都会回答"一个有趣的家伙"或者"一个奇怪的家伙"。

这就是抽象的表达。

但是,如果回答是"像赛亚人(日本漫画中的角色)一样的家伙"或者"像贝吉塔(日本漫画中的人物)一样的家伙"这就是把山田概念化成"赛亚人(贝吉塔)"。这个词让我们联想到,山田虽然为人有些扭捏,不值得他人尊重,但却是最好的搭档。你看,这就是高度"概念化"。

如果用在搞笑艺人身上,"畏缩不前的赛亚人"或者"弱不禁风的贝吉塔"这类加上一个形容词的表述,就更容易让人想象出

他的样子了。

当然,这里不提倡故意给别人取侮辱性的外号,让我们满怀敬意给他人起外号吧(不需要告诉对方)。

不妨先给自己取上一个外号,或者给一本书、一部电影也取个外号。

例如,《星球大战》取作"壮观的父子争吵",山田花袋的小说《蒲团》取作"没人读的名著"等。

给事物取外号需要抓住事物的本质特征,要追求自然,还要考虑到如何才能通俗易懂。

擅长起外号的搞笑艺人把起外号当作自己的卖点,他们倾尽心血地找出合作演员们的本质特征。随时随地地起外号可不是一件容易的事。真是佩服他们的专业精神。

> **要点** 试着做取"外号"的训练。

假设思考的表达练习

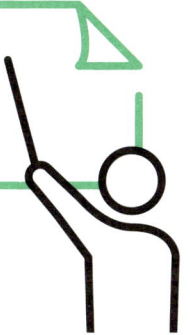

大家是否听说过"假设思考"?

所谓"假设思考",就是不会在一开始就去询问对方,找寻答案,而是在信息极少的情况下,对问题的全部形态和结论作出假设。

掌握了假设思考的方法,表述力会得到提高。

因为把假设条件作为表述起点,可以修正说话人和听话人的认识。

来看看具体的例子。

"猜测上司或客户心中的'正确答案'"这种工作方式是常见的失败案例。这种固化的工作方式,单纯作业还好,但在思考性工作(白领的工作)中是最不可取的。

在对方的思考中,"明确的正解"是不存在的,试图去猜测或靠近正解,都是没有用的。

例如,"总觉得什么地方不对呢?""嗯……还是想要新颖一点""在稍稍考虑一下吧"这样说的人，在他们的心里其实也没有正确的答案。

这种情况下，唯一的正确做法就是自己做出判断，找到答案。

也就是说，给出"自己的答案"和"假设"，这就是工作中的"假设思考"。

在向别人说明某件事物的时候，一定要想好自己"假设出来的故事"。

那么，我们就来说说日常生活中的"假设思考"。

比如，身边经常遇到的"午餐吃什么"或者"选3本对工作有用的书"等问题。对于这样的问题，我们做一下思考：

◎ 选什么；

◎ 选它的理由（别的选项为什么不可以）。

对方想吃什么？对方希望是什么样的书？仅参考手头的相关信息，不去追加确认更多的信息。

◎ 今天天气闷热，或许吃点清淡的会好一点；

◎ 昨天一起吃的拉面，今天就不吃面类了吧；

◎ 下午的工作可能会很忙，中午吃点能够补充能量的吧。

一顿思考的结果，中午吃"凉拌涮猪肉套餐"是个很不错的选择。

这，就是假设。

作出假设之后，跟对方建议"凉拌涮猪肉套餐"，对方却说："想吃点特别饱腹的食物。"这样就知道了，刚才"认为天气闷热，吃点清淡"的想法，是错误的。

而非面类和补充能量的想法没错，这样就能做出另外一个"去吃炸猪排"的建议了。这样反复的交涉，最终与对方达成共识。

假设的目的不在于一次性就能得出正确答案，而是在整个会话过程中，了解哪些内容是错误的，并且反复修正方向，最终得出正确答案。

这个过程当中，对方也会清楚得出结论的。

继续来看工作相关的举例。

假设上司要求你为下周召开的部长级会议做一份资料，你会用什么内容和流程来收集资料呢？

我们不能一开始就想"上司想要的资料内容和构成是什么"。

我们要找出属于自己的答案。例如：

◎ 上回部长会议上报告的内容以及之后进展的实际状况和成果；(情报更新)

◎ 上回部长会议之后新开始的项目及成果；(业务实绩)

◎ 今后工作采取的对策和策略。(今后工作计划)

这些都是需要思考的内容。再者，还需要思考一些内容：

◎ 发言人（本部门部长＝项目委托人）传达的内容是否满足与会者们（其他部门的部长级人员、事业部部长等）的关切和兴趣。

从这几项内容入手，检查确认。归根结底，内容表达的要点应该放在"应该传达给与会者的内容"，而不是"部长想表达的内容"。

假设也需要深思熟虑

千万不能忘记，我们做出的假设绝对不是头脑一热想象出来的，而一定是要经过深思熟虑，能够详细说明理由的。

更重要的是，不单单只假设某一个部分的内容，而是贯彻到"整体""流程（故事）"中去。当然，为了提高假设的精准程度，事先能调查的信息还是要调查的。

例如，仔细阅读上回部长会议的资料就是一个好方法。多方面调查有用的信息，自然不是件坏事。

上司或许认为，你做出的资料不是他想要的，但这正是你可以提高整理能力（也就是假设构筑能力）的机会。

问问自己到底是哪里不对，或者哪里不合适。

当前的假设就是一个试错的机会，你可以当面请教上司，如果部长是个"一家之言"的人,他应该会向你吐露很多想法。

根据和部长的谈话内容,检验自己的假设思考,修改内容。

这样得出的报告内容,无论是部长还是你,或者其他参与人员,都会得到深刻的理解(这种经过假设构建、验证、更新的过程,就是假设思考)。

部长(或者客户)一定会极为重视能够给自己提供这样称心如意的报告的人。毕竟这样的人,能够替自己去思考,给自己省去了很多麻烦。

再者,不过度纠结"深思熟虑后的想法",而是不停地更新想法,最后找到真正想要的东西和结论的下属(或是顾问),都值得信赖,值得重视。

一项事物的说明,绝不是单方面的行为。为了加深对事物的理解,我们要有帮助听者整理大脑、与自己保持同一步调的强烈想法。

首先我们要持有自己的假设,然后和对方一起通过不断修正这个假设而得到正确答案。这样做可以锻炼有理有据地说明一件事的能力。

> **要点** 有了自己的假设思考,就能够对事物进行整理,把内容表达出来。

假设思考

比喻练习

商业顾问就像棒球运动员一样

练习比喻，我推荐的练习方法是试着将职业、工种或行业状况比喻成其他的东西。

我经常会遇到年轻人跟我说，他们想成为一名商业顾问。商业顾问的印象因人而异。我经常想，商业顾问是否能有一个恰当的比喻呢。

最近，我想到了把商业顾问比喻成棒球运动员。

人数比较

棒球比赛中，一场比赛首发9人（包括防守的话是10人）。

即使算上救援投手和守护神（棒球比赛中球员担任的职位），最多也15人。12只球队，每队15人，一共有180人可以称得上是最专业的球员。

如果算上首发和轮换，每个队有28名球员，那就是有336名专业球员。

每队能出比赛的"所属选手注册"人数高达70人，70×12=840人，而这840名都是"职业棒球选手"吗？

同样就商业顾问而言，在日本，虽定义不同，但最多数百人而已。就算将定义宽松一些，差不多也只有2000人（如果将刚入门的新人也算在内，可能会增加几倍的人数，但是现任资深的商业顾问，的确是一个人数稀缺的职业）。

合适与否

职业棒球运动员，大部分都是从小就喜欢这个运动。他们很适合打棒球，诠释了"因为喜欢，所以才变得优秀"这句话。他们每天刻苦训练，从不懈怠，为了保持专业水平，往更深层次说，为了职业生涯更上一层楼，不惜一切努力。

商业顾问，喜欢思考，擅长思考。

再辛苦也不会放弃思考。

如果意见不被采纳，心情就会不好，然后就会更加努力，直到心情好转为止。

商业顾问同时也在不断丰富自己的知识、拓宽自己的思路的路上从不懈怠。

不喜欢棒球的人，几乎不可能说出"想成为棒球运动员"这样的话；对思考抱有抵触心理的人，也肯定不会说"想成为一名商业顾问"。

工作内容比较

职业棒球运动员看中的是结果。当然,追求的结果是球队整体的胜利。但是为了能够取得胜利,球员自身的水平和个人成绩也是很关键的。

虽说大前提是要为团队作贡献,但个人水平的发挥也是团队贡献中不可或缺的。个体胜利也很重要。

特别是在棒球比赛过程中,经常会出现1对1的较量(投球手和击球手),球员个人能力对整个比赛的影响是极大的。

商业顾问也是团队合作的典型。

商业顾问看中的是项目最终的结果(项目的成功=对客户提供有价值的建议)。

往往很多时候,商业顾问必须在人数少、时间紧(比如3个人在2个月时间内)的情况下做出成果。因此,商业顾问对成员个人的专业能力要求十分严格,每个成员不得不使出200%的力量投入到项目中去。

商业顾问与客户谈判时,无论对方提出什么样的疑问和反对意见,都必须看清状况,做出恰当的回应。这方面考验是个人能力了。

分工比较

职业棒球运动员都需要站在打位上击球。但是,转向守备方的时候,就有分工了。

投球稳准快的投球手、把握全场比赛节奏的接球手、精于防守爆发力十足的内野手、奔跑迅速的外野手,球员们在各自的位置上发挥好作用很重要。

商业顾问的基础能力就是思考能力,但是每个人都有长项和短板。

比如,优秀的沟通能力、抽象概念的语言组织能力、优秀的图形化能力、惊人的跳跃性思维能力(所谓的想象力)、对某个领域的深刻见解以及对某项工作丰富的经验等,都是在基础能力之上的能力。

有这些能力,在其强项领域的项目中,更容易做出成果。

因此,仅有基础能力是远远不够的,还需要个性化的突出。

不过即使跑得慢,却能经常打出本垒打的棒球选手,也是优秀选手。同样,不太善于沟通的商业顾问,思维整理能力很强,也可以创造出很大的价值。

无论哪一方,都需要一个最低限度的基础能力。

把商业顾问比喻成棒球运动员的例子,完全符合在第五章中介绍的比喻三原则。

原则1：要以对方熟知的事物作比喻。从这一观点来看，用一般性大家所熟知的棒球运动员做比喻，不算不妥；

原则2：本质的相似。从两者比较内容就可以看出，两者的确相似；

原则3：存在意外性。把公众不太熟悉的东西（商业顾问）比喻成大家都很熟悉的东西（棒球选手），两者之间存在着适当的距离感。

再者，选择用非上班族的棒球运动员来比喻上班族的商业顾问，已经确保了两者之间的"距离"了。

总而言之，这个比喻能让听者多少对商业顾问这个职业有所了解，就是成功的。

如果一定要问清楚商业顾问的工作内容、业务内容，那么这里就有一个老生常谈的比喻：商业顾问，就像给企业治病的医生。

希望大家试着做一些各种各样的比喻。

将比喻收藏起来，有需要的时候就可以用上一用。

即时想出比喻并在日常会话中使用出来是非常重要的。

你的比喻如果很贴切，会得到对方不错的反响。反之，如果不好，那说明你还有改进的空间。在日常生活中不断做比喻训

练，然后人前展示，观察对方的反应情况，这样做能极大地提高你的表述力。

| 要点 | **在实践中打磨比喻的技巧。** |

| 记下你的总结和感想吧

| 记下你的总结和感想吧

结语
对思考方法的思考

  本书介绍了简单明了的表达方法,换言之,这本书告诉大家如何去表述一件事物的方法。从这个题目来看,的确不是一件容易的事。不知道对各位读者在提高表述能力上有没有帮助。

  我是株式会社GIXO的董事。我在公司网站主页上看到一篇博客文章,名字叫做《克服自己的不善言辞》,这篇文章成为我创作这本书的灵感。

  我极其喜欢思考。我自认为已经到了"思考中毒"的程度,越是有效地动脑,越是可以达到更深层次、更广泛领域的思考。

  越多的人每天做越多的思考,世界的思考总量就会不断增加,这样我们日常生活中的无用功就会有所减少,工作进展加快,社会效率得到提高。

  《克服自己的不善言辞》作为本书的灵感来源,该文章阐述了通过对事物的思考方式的研究,让更多的人进行深层次的思考。

  我将这篇博客的基本内容加以整理,创作本书并出版发行。

如果借此机会能给各位读者在思考技巧方面提供一些小小的帮助，实在幸甚之至。

所谓的表述说明，就是有效思考的一个表现。更甚言之，表述说明可以影响到听者的思考。

在前言中我曾提到过，本书主要着眼于解说表达、说明的能力，但其内在思想包含了对思考方法的思考。通过对**思考方法的思考**，可以更加顺畅地理解事物，可以选择与说明目的相符合的表达方法。

本书中阐述的表述说明方法，在实践过程中，如果能够对各位的思考量提升有所帮助，实乃荣幸之极。

最后送给大家一句话：Be a thinkaholic！（做一个思考者！）

田中耕比古